全媒体信息审核教程

QUANMEITI
XINXI SHENHE JIAOCHENG

全媒体专业教材编委会 编
湖北省网络视听协会 组编

华中科技大学出版社
http://press.hust.edu.cn
中国·武汉

图书在版编目（CIP）数据

全媒体信息审核教程/全媒体专业教材编委会编；湖北省网络视听协会组编. -- 武汉：华中科技大学出版社，2024.1

ISBN 978-7-5680-9601-0

Ⅰ.①全… Ⅱ.①全… ②湖… Ⅲ.①互联网络—视听传播—信息安全—安全管理—教材 Ⅳ.①G206.2 ②TP393.408

中国国家版本馆CIP数据核字（2024）第016895号

全媒体信息审核教程　　　　　　　　　　　　　　　　全媒体专业教材编委会　编
Quanmeiti Xinxi Shenhe Jiaocheng　　　　　　　　　　湖北省网络视听协会　组编

策划编辑：曾　光
责任编辑：白　慧
封面设计：小徐书装
责任监印：朱　玢

出版发行：华中科技大学出版社（中国·武汉）　　电话：（027）81321913
　　　　　武汉市东湖新技术开发区华工科技园　　邮编：430223
印　　刷：武汉市科华包装印刷有限公司
开　　本：787mm×1092mm　1/16
印　　张：12.25
字　　数：218千字
版　　次：2024年1月第1版第1次印刷
定　　价：49.00元

本书若有印装质量问题，请向出版社营销中心调换
全国免费服务热线：400-6679-118　竭诚为您服务
版权所有　侵权必究

全媒体专业教材编委会

总 顾 问：罗建辉　于慈珂　岑　卓　沈　涛　王瀚东
顾　　问：姜公映　王正中　邓秀松　何志武　代志武　郭小平
　　　　　曾　光
编委主任：沈　涛　陈志义　阮　瑞
编　　委（按姓氏笔画）：
　　　　　丁兰兰　万君堂　王　娟　王　婷　王　鹤　王世勇
　　　　　王兆楠　冉　军　代志武　代媛媛　朱永胜　向　东
　　　　　刘立成　刘蓓蕾　闫　萍　许翠兰　阮　瑞　孙喜杰
　　　　　李　华　李汉桥　吴俊超　吴海燕　岑　卓　邹旭化
　　　　　沈　涛　张　冲　张　静　张凌云　陈　威　陈　瑛
　　　　　陈志义　范文琼　林庆明　易柯明　周泯君　屈定琴
　　　　　洪　维　秦　贻　徐志清　席　静　黄　亮　黄　磊
　　　　　常志良　斛玉娟　望海军　董松岩
总 主 编：陈志义　吴俊超
本册主编：席　静
副 主 编：代志武　朱永胜

序　言

无处不在无人不用的全媒体

二十世纪初期以来，"全媒体"一词被国内外学者、媒体从业者广泛传播与应用。大批研究者就全媒体在网络科技与新闻信息传播、媒介运营管理等方面的理论和应用展开了研究，但对其概念的界定尚未形成统一认识。"全媒体"一词源自美国的MSO公司，涉及报纸、杂志、电台、电视、网站等多种媒体类型。结合国内外业界、学界对"全媒体"概念的研究，我们可以将全媒体概括为泛媒体化的媒介形态，把其定义为：全媒体是在信息通信技术和媒介数字化智能化的推动下，综合运用文字、图片、音频、视频等媒介资源，整合各类生产要素，融合形成的形态多样、互动便捷、传播立体的媒体形态。

一、全媒体发展历程

1994年，中国正式接入国际互联网，部分民众通过拨号上网方式获取网站资讯。其后几年，网络媒体以其海量讯息和互动交流的特色获得用户青睐。伴随着互联网的广泛运用，逐步出现了网络视听节目，虽然受网络传输速度的影响，观看体验不佳，但这种图文+视频的网络新媒体形态仍然得到了越来越多人的认可。全媒体的发展大致经历了以下三个阶段。

（一）2G网络时代，视频网站媒体形态登上历史舞台

进入新千年后，很多互联网公司试水网络视频播放业务，例如新浪、搜

狐、网易、互联星空等，由于网络点播卡顿，视频消费以下载到本地观看为主。2005年2月15日，美国视频网站YouTube上线，以视频分享服务作为其运营定位，受到全球网民追捧，迅速发展为影响力甚广的视频网站，其运营模式被中国视频网站广为借鉴。

在此前后，国内的土豆网、56网、PPTV、PPS网络电视、酷6网、优酷网等视频网站相继出现，并确立了各自发展的侧重点。土豆网、56网主要定位为视频分享，视频内容以用户上传为主。PPS网络电视、PPTV则运用P2P技术定位为网络电视客户端。酷6网聚焦用户生成内容模式，内容涵盖影视节目及自拍网播剧等。优酷网借鉴YouTube的视频分享模式，打造"快速播放、快速发布、快速搜索"的平台特性。

以上各大视频网站的发展侧重点虽然不同，但不管是采用视频分享模式还是作为网络视频客户端，这些视频网站大多没有自行生产内容的能力，所播放的网络视听节目的主要来源依然是电视台的节目和其他一些影视作品。在此阶段，这些网站通常采取的方式是对视频进行拆条、二次加工后于电脑端播放。借助网络的即时性、传播速度快、受众年轻化等特点，广播电视节目得以扩大受众群体，延伸传播路径。

（二）3G网络时代，视频制作大众化、普及化

随着网络传输效率快速提升，各类网络视频平台如雨后春笋般涌现出来，如暴风影音、腾讯视频、爱奇艺等。通过网络下载或在线观看视听节目，成为当时公众新的、普遍的娱乐方式，成为上网用户使用最多的服务之一。

2007年8月8日，北京奥运会倒计时一周年，优酷网借此契机正式揭幕"优酷狂拍客！中国一日24小时主题接力"主题活动。优酷网在视频行业首次提出"拍客无处不在"的理念，提倡每个人都当拍客，通过参与活动的拍客达人们的精彩演绎，充分彰显"拍客视频时代"的标签内涵。此类活动也推动了网络视听节目草根化、大众化，为更多人所接受。

这一阶段，随着摄像机的小型化，数码摄像机在家庭普及，越来越多的人化身为拍客，将所摄制的视频上传至网络平台。民众由网络视听节目的观看者

转换为主动制作者、参与者，这使得网络视听节目的受众群体进一步扩大，网络新媒体内容更接地气。

（三）4G/5G网络时代，视频传播移动化、碎片化

网络通信技术的发展催生了智能手机的迅速普及，2013年底，TD-LTE牌照发放至三大网络运营商，开启4G网络商用时代。2014年始，4G智能手机、平板电脑及各类APP得到广泛运用，使得网络视听节目更加深入大众生活。

2020年5G通信技术落地推广，5G手机及智能可视设备再次发力，视频平台多样化，网络直播风靡一时，短视频爆火。人们通过各种移动终端移动观看各种视频，各类媒体平台呈现出数量海量化、内容精品化、时长碎片化、观影移动化等特点。这一阶段，抖音、快手、爱奇艺、腾讯视频、bilibili、斗鱼等全民参与的视频终端平台繁荣发展。

总的来说，网络视听节目的发展受生产力发展水平、科学技术水平，尤其是信息通信技术水平的制约和影响，在不同阶段呈现不同发展趋势和特点，并推动各类媒体融合发展。网络新媒体从移植报刊文章、电视节目、影视剧转变到成为人们创作、表达的工具，活跃的网络视听节目用户则实现了从"看客""拍客"到"自媒体"的角色转换。人们在纸媒、广播、电视、户外电子屏、网络新媒体等汇集而成的"信息塔"式全媒体矩阵中自由遨游。

二、全媒体的未来发展

5G时代的传输技术推动全媒体长足发展，新的发展趋势将颠覆现有媒体使用方式，带来沉浸式体验和场景化、便利化的交互方式，甚至可能出现以非语言或触摸指令进行传播的媒体新模式，摆脱终端屏幕的束缚，传播资源也会愈加丰富。在个性化需求彰显的时代，传播者需要以一种不同于传统行为主义、功能主义的新思路来思考消费者的个性特征与主观心态。

"推动媒体融合发展、建设全媒体成为我们面临的一项紧迫课题。"2019年1月25日上午，习近平总书记在主持中共中央政治局集体学习时强调，要做大做强主流舆论，巩固全党全国人民团结奋斗的共同思想基础，为实现"两

个一百年"奋斗目标、实现中华民族伟大复兴的中国梦提供强大精神力量和舆论支持。

全媒体不断发展，出现了全程媒体、全息媒体、全员媒体、全效媒体，信息无处不在、无所不及、无人不用，使得舆论生态、媒体格局、传播方式发生深刻变化，新闻舆论工作面临新的挑战。

为使主流媒体具有更加强大的传播力、引导力、影响力、公信力，形成网上网下同心圆，使全体人民在理想信念、价值理念、道德观念上紧紧团结在一起，让正能量更强劲、主旋律更高昂，加快推动媒体融合发展，形成形态多样、互动便捷、传播立体的全媒体，是我国传媒业界、学界需要研究和实践的重要任务。

（一）全媒体融合发展是趋势和规律

坚持导向为魂、移动为先、内容为王、创新为要，在体制机制、政策措施、流程管理、人才技术等方面加快融合步伐，建立融合传播矩阵，打造融合产品。要坚持一体化发展方向，加快从相加阶段迈向相融阶段，通过流程优化、平台再造，实现各种媒介资源、生产要素有效整合，实现信息内容、技术应用、平台终端、管理手段共融互通，催化融合质变，放大一体效能，打造一批具有强大影响力、竞争力的新型主流媒体。

（二）推动全媒体向纵深发展

融合发展全媒体不仅仅是新闻单位的事，还要把新闻单位、科技企业、政府部门所掌握的社会思想文化公共资源、社会治理大数据、政策制定权的制度优势转化为巩固壮大主流思想舆论的综合优势。首先，做好顶层设计，打造新型传播平台，建成新型主流媒体，扩大主流价值影响力版图，让党的声音传得更开、传得更广、传得更深入。其次，全媒体传播要在法治轨道上运行，对传统媒体和新兴媒体实行一个标准、一体管理。再次，主流媒体要承担正确引导社会舆论的主体责任，准确及时发布新闻消息，为其他合规的媒体提供新闻信息来源，要全面提升技术治网能力和水平，规范数据资源利用，防范大数据等新技术带来的风险。

（三）全媒体发展需要深入开展理论研究和实践探索

党的二十大报告指出，加强全媒体传播体系建设，塑造主流舆论新格局。进入新发展阶段，全媒体纵深发展需要在实践形式、创新手段和传播方式上寻求突破，在全媒体时代做强主流、占据主导，牢牢掌握舆论场上的主动权、话语权，贯彻新的发展理念，构建新的发展格局。要想在多元中立主导、在多样中谋共识、在多变中把方向，更好地发挥舆论压舱石、社会黏合剂、价值风向标的作用，让正能量更强劲、主旋律更高昂，需要深入开展理论研究和实践探索，进一步推动全媒体传播力、引导力、影响力、公信力再上新台阶。

结合湖北省高校众多、学者云集的优势，湖北省网络视听协会联合高校学者和知名文化传媒专家，编写了这套全媒体专业教材。教材包括《全媒体运营教程》《全媒体营销教程》《全媒体信息审核教程》《全媒体动画片基础教程》《网络视听内容创作教程》。

本套全媒体专业教材涉及全媒体运营、视频制作、信息审核、动画片基础、直播带货等内容，教材中列举了经典案例与名师评析，指导高校培养全媒体人才，提升在校大学生的知识水平及实践能力，服务大学生就业创业，服务整个全媒体行业。

陈志义　吴俊超

2023 年 3 月

目 录

第一章 全媒体信息审核概述 … 1
- 第一节 全媒体信息审核的发展历程 … 1
- 第二节 媒体平台定位与持证许可 … 14
- 第三节 "四全"媒体时代对信息审核员的要求 … 16
- 思考题 … 19

第二章 全媒体信息审核的发展趋势 … 20
- 第一节 全媒体信息审核的主体、要素与形态 … 20
- 第二节 全媒体信息审核的职能 … 36
- 第三节 全媒体信息审核的人才与技术要求 … 40
- 第四节 全媒体信息审核的精益管理 … 43
- 思考题 … 49

第三章 全媒体信息审核制度的建立与意义 … 50
- 第一节 全媒体信息审核制度的建立 … 50
- 第二节 全媒体信息审核制度的意义 … 51
- 思考题 … 53

第四章 全媒体信息审核员的作用与要求 … 54
- 第一节 全媒体信息审核员的作用 … 54
- 第二节 全媒体信息审核员的要求 … 57
- 思考题 … 59

第五章 全媒体信息审核的国家规范与发展 … 60
- 第一节 全媒体信息审核的国家规范 … 60

  第二节 全媒体信息审核的发展 …………………………… 79
  第三节 全媒体信息审核的重要性及基本原则 …………… 82
  思考题 …………………………………………………………… 84

第六章 网络视听节目内容的审核 …………………………… 85
  第一节 网络影视剧审核的依据及主要规范 …………… 85
  第二节 网络视听纪实类及综艺类节目审核的依据及主要规范 … 100
  第三节 网络直播节目审核的依据及主要规范 ………… 105
  第四节 视听节目网站审核的依据及主要规范 ………… 114
  思考题 ………………………………………………………… 119

第七章 短视频审核的技能与技巧 ………………………… 120
  第一节 短视频审核的技能 ………………………………… 120
  第二节 短视频审核的技巧 ………………………………… 121
  思考题 ………………………………………………………… 123

第八章 全媒体内容审核的制度建设与标准 ……………… 124
  第一节 量化计分扣分管理 ………………………………… 124
  第二节 主播违规行为管理办法 …………………………… 125
  思考题 ………………………………………………………… 130

附录 ………………………………………………………………… 131
  中华人民共和国网络安全法 ………………………………… 131
  互联网视听节目服务管理规定 ……………………………… 146
  网络视听节目内容审核通则 ………………………………… 154
  网络短视频内容审核标准细则（2021） …………………… 164
  网络综艺节目内容审核标准细则 …………………………… 172

后记 ………………………………………………………………… 180

第一章　全媒体信息审核概述

【目标】

通过本章的学习，学生应了解全媒体信息审核的发展历程；理解全媒体信息内容的分类，理解"四全"媒体的特点；掌握"四全"媒体对信息审核员的基本要求。

第一节　全媒体信息审核的发展历程

伴随着科学技术的不断进步，信息传播方式也在不断发展，网络新媒体的影响力越来越大。传媒本身具有较强的意识形态属性，网络媒体自然也不例外。进入网络新媒体时代后，信息传播速度更快，媒体所传播的信息内容更为丰富，且交互性表现越来越明显。正因为媒体传播影响力巨大，所以无论是在传统媒体的发展时期，还是在当前网络新媒体迅猛发展的时期，国家均针对性地建立了较为系统而全面的信息审核机制。

十九大以来，国家在全媒体行业提出了关于宣传文化工作的重要思想和网络强国的战略思想。

一、自主创新推进网络强国的建设

提高网络综合治理能力，形成党委领导、政府管理、企业履责、社会监督、网民自律等多主体参与，经济、法律、技术等多种手段相结合的综合治网格局。

要加强网上正面宣传，旗帜鲜明坚持正确的政治方向、舆论导向、价值取向，用新时代中国特色社会主义思想和党的十九大精神团结、凝聚亿万网民，深入开展理想信念教育，深化新时代中国特色社会主义和中国梦宣传教育，积极培育和践行社会主义核心价值观，推进网上宣传理念、内容、形式、方法、手段等创新，把握好时度效，构建网上网下同心圆，更好地凝聚社会共识，巩固全党全国人民团结奋斗的共同思想基础。要压实互联网企业的主体责任，决不能让互联网成为传播有害信息、造谣生事的平台。

发展数字经济，加快推动数字产业化，依靠信息技术创新驱动，不断催生新产业、新业态、新模式，用新动能推动新发展。推动产业数字化，利用互联网新技术、新应用对传统产业进行全方位、全角度、全链条的改造，提高全要素生产率，释放数字对经济发展的放大、叠加、倍增作用。要推动互联网、大数据、人工智能和实体经济深度融合，加快制造业、农业、服务业数字化、网络化、智能化。

要坚定不移地支持网信企业做大做强，加强规范引导，促进其健康有序发展。企业发展要坚持经济效益和社会效益相统一，更好承担起社会责任和道德责任。

二、自觉承担起新形势下宣传思想工作的使命任务

完成新形势下宣传思想工作的使命任务，必须以新时代中国特色社会主义思想和党的十九大精神为指导，增强"政治意识、大局意识、核心意识、看齐意识"，坚定"中国特色社会主义道路自信、理论自信、制度自信、文化自信"，自觉承担起举旗帜、聚民心、育新人、兴文化、展形象的使命任务，坚持正确政治方向，在基础性、战略性工作上下功夫，推动宣传思想工作不断强起来，促进全体人民在理想信念、价值理念、道德观念上紧紧团结在一起，为服务党和国家事业全局做出更大贡献。

引导广大文化文艺工作者深入生活、扎根人民，把提高质量作为文艺作品的生命线，用心用情用功抒写伟大时代，不断推出讴歌党、讴歌祖国、讴歌人民、讴歌英雄的精品力作，书写中华民族新史诗。

坚持把社会效益放在首位，引导文艺工作者树立正确的历史观、民族观、国家观、文化观，自觉讲品位、讲格调、讲责任，自觉遵守国家法律法规、加

强道德品质修养，坚决抵制低俗庸俗媚俗，用健康向上的文艺作品和做人处事陶冶情操、启迪心智、引领风尚。要推出更多健康优质的网络文艺作品。

推动文化产业高质量发展，健全现代文化产业体系和市场体系，推动各类文化市场主体发展壮大，培育新型文化业态和文化消费模式，以高质量文化供给增强人们的文化获得感、幸福感。要坚定不移将文化体制改革引向深入，不断激发文化创新创造活力。

不断提升中华文化影响力，把握大势、区分对象、精准施策，主动宣介新时代中国特色社会主义思想，主动讲好中国共产党治国理政的故事、中国人民奋斗圆梦的故事、中国坚持和平发展合作共赢的故事，让世界更好了解中国。

中华优秀传统文化是中华民族的文化根脉，其蕴含的思想观念、人文精神、道德规范，不仅是我们中国人思想和精神的内核，对解决人类问题也有重要价值。要把优秀传统文化的精神标识提炼出来、展示出来，把优秀传统文化中具有当代价值、世界意义的文化精髓提炼出来、展示出来。

三、加快推动媒体融合发展

网络是一把双刃剑，一张图、一段视频经由全媒体几个小时就能形成爆发式传播，给舆论场造成很大影响。这种影响力，用好了造福国家和人民，用不好就可能带来难以预见的危害。要旗帜鲜明坚持正确政治方向、舆论导向、价值方向。

要使全媒体传播在法治轨道上运行，对传统媒体和新兴媒体实行一个标准、一体管理。主流媒体要准确及时发布新闻消息，为其他合规的媒体提供新闻信息来源。要全面提升技术治网的能力和水平，规范数据资源利用，防范大数据等新技术带来的风险。

四、推进社会主义文化强国建设

在《中共中央关于制定国民经济和社会发展第十四个五年规划和二〇三五年远景目标的建议》中，首次明确了到2035年建成社会主义文化强国的时间表，做出了"十四五"时期提高社会文明程度，提升公共文化服务水平和健全现代文化产业体系的重要部署。

坚持以社会主义核心价值观引领文化建设，促进满足人民文化需求和增强人民精神力量相统一。提高社会文明程度，推动形成适应新时代要求的思想观念、精神面貌、文明风尚、行为规范，加强网络文明建设，发展积极健康的网络文化。网络视听是我国宣传思想文化工作的重要阵地，是网络强国建设的重要内容。

五、传统媒体信息审核

在传统媒体时代，信息的传播途径主要有图书、报纸、期刊等纸媒，以及以视听为主的广播电台、电视台。传统媒体大多是党和政府的宣传阵地，因此其平台的设立、资质的申请、信息的发布和传播均有严格而系统的审核要求。

（一）"三审三校"责任制

对于图书、报纸、期刊的出版和发行，国家均建立有系列审核制度，其中"三审三校"制度是图书、报纸、期刊等出版单位内容编辑环节的基本制度。按照审核制度要求，在国内出版的出版物必须经过国家新闻出版署的审查，即所有图书的出版要经过选题申报、初审、复审、终审等环节。如果内容涉及国家新闻出版署规定的敏感题材，则必须上报国家新闻出版署进行内容审核。

2020年5月，国家新闻出版署印发了《报纸期刊质量管理规定》，其中第九条再次强调："报纸、期刊出版单位应当落实'三审三校'等管理制度，加强业务培训，保证出版质量。"

所谓"三审"，初审应由出版单位具有编辑职称或具备一定条件的助理编辑人员担任（一般为注册责任编辑）。复审应由出版单位具有副编审以上职称的人员担任，复审人员应为出版单位中层及以上负责人。终审应由具有正、副编审职称的社长（副社长）、总编辑（副总编辑）或报刊编辑部主编担任。"三审"中任何两个环节的审稿工作不能同时由一人担任。初审应在审读全部稿件的基础上，对选题内容的社会效益、文化价值和出版价值进行审核，严格把好导向关、知识关、文字关等，形成初审报告，对稿件提出取舍意见和修改建议。复审应审读全部稿件，并对稿件质量及初审报告提出复审意见，做出总体评价，并解决初审中提出的问题。终审应根据初审、复审意见，对稿件的内容，包括出版导向、学术质量、社会效果、是否符合党和国家的政策法规等方面做出评价。对涉及重大选题备案内容的选题，要按规定督促履行重大选题备案程序。

所谓"三校"，是指专业校对不少于三个校次，重点图书、工具书、重大选题出版物等应相应增加校次，高标准严要求，确保校对准确无误。全部稿件都应由专职校对人员负责校对。校对人员负责校样的文字技术整理、各校次的质量监督检查以及付印样的通读，对校对质量负责。

广播电台及电视台的设立需要满足持证许可的要求，经过严格的资质审查，经审查合格并颁发许可证后方可进入媒体行业，其节目的制作和播放也需要经过严格的内容审核。无论是传统媒体还是新媒体，内容把关都是其至关重要的"生命线"，应贯穿信息发布的全过程。

经过长期实践，传统媒体的审核体系相对较为成熟，我国传统媒体的信息审核意识较强，值得新媒体学习。

（二）"三审三校"流程

"三审制"自20世纪50年代开始推行，由责编初审、编辑室主任复审、总编辑终审形成的三级审稿制度，是国家规定并长期实行的出版单位内部审稿制度；"三校制"是指从稿件编辑到最后签发，最少要经过专职校对人员的三次校对。"三审三校"既是一种制度，也是一种审稿方法，设立的初衷是完善编辑修改稿件时存在的失误、纰漏，从而形成环环相扣、层层递进的立体编审模式。"三审三校"制度既是学术作品的过滤器，也是学术出版的指南针。传统出版"三审三校"的基本流程如图1-1所示。

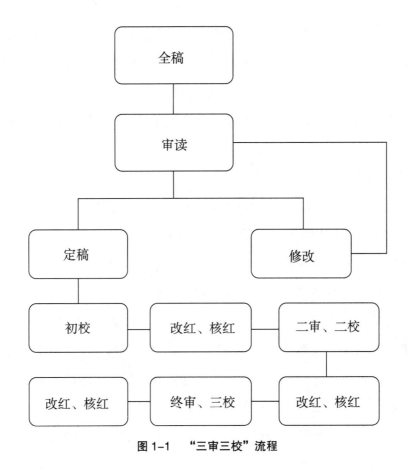

图1-1 "三审三校"流程

六、网络新媒体信息审核

相对于传统媒体而言，新媒体主要是基于技术进步引起的媒体形态的变革，特别是建立在无线通信技术和网络技术基础上的媒体形态，如数字电视、IPTV（交互式网络电视）、手机终端等，故此也称网络新媒体。网络新媒体诞生后，基于新技术的发展，媒介传播的形态发生了前所未有的变化，不仅可以通过地铁显示屏、楼面显示屏等将传统媒体的传播内容移植到全新的传播空间，还可以通过手机这样的移动终端随时随地进行更为自由和便捷的信息传播。

网络新媒体传播的信息形式更为多样化，文字、图片、音频、视频等极为丰富，因而相对于传统媒体，其传播的信息容量更大。特别在中国的手机用户已经超过 10 亿人的情形下，网络新媒体的传播速度和受众范围更是远超传统媒体，其传播的实时性和交互性均迅猛发展，真正实现了 24 小时全方位的信息传播。在网络环境下，信息传播者与接收者的关系不仅更为直接、更为平等，而且两者具备了一定的转换性，信息受众不再只是单纯地、被动地接收信息，还可以通过与新媒体的互动产生更多的信息交互与传播，影响信息传播者，实现更大范围的信息覆盖。

伴随着网络新媒体的不断发展，也产生了一些新问题，特别是不良信息的传播引发了新的社会问题，这些新问题引发了各国信息监管者的高度关注，我国也开始重视网络新媒体的信息审核问题。2007 年，中共中央政治局在新春伊始的第一次学习即以"网络文化建设与管理"为主题；2008 年，国家主张大力发展媒介和文化产业，此后国家的每个五年计划中网络环境管理都占有重要位置。与此同时，对网络新媒体进行管理和规范的法律法规也开始建立，并逐步形成体系，一些重要的措施如网络实名制、信息审核、平台经营许可等均有利于遏制不良信息的网络传播。

从事互联网信息服务的相关单位应坚持正确的政治方向，围绕中心、服务大局，坚持"文艺为人民服务、为社会主义服务"方向和"百花齐放、百家争鸣"方针，努力传播体现当代中国价值观念，思想性、艺术性、观赏性有机统一的优秀作品。

（一）网络新媒体信息的导向要求

（1）坚持为人民服务、为社会主义服务的方向。

（2）坚持以社会主义核心价值观为引领。

（3）坚持"百花齐放、百家争鸣"的方针，弘扬真善美，传播正能量。

（二）网络新媒体信息的内容要求

（1）坚持以现实题材为主，贴近实际，贴近生活，贴近群众。

（2）努力讲好中国故事，弘扬中国精神，凝聚中国力。

（3）传承中华民族优秀文化传统，激励中华儿女自尊自强的精神力量。

(三) 网络新媒体信息的品格要求

（1）坚持把社会效益放在首位，创作社会效益和经济效益相统一的作品。

（2）树立精品意识，提升作品品质，创作思想精深、艺术精湛、制作精良的优秀作品。

七、网络视听节目内容审核

伴随着互联网技术的进步和网络新媒体的发展，网络视听节目开始大量涌现。网络视听节目服务是指制作、编辑、集成并通过互联网向公众提供视音频节目，以及为他人提供上载传播视听节目服务的活动。网络视听节目包括网络影视剧、短视频、网络广播剧、网络综艺、网络纪录片、网络动画片等，其表现形式较为多样。

2011年5月，中华人民共和国国家互联网信息办公室（简称网信办）成立，其主要职责包括落实互联网信息传播方针政策和推动互联网信息传播法制建设，指导、协调、督促有关部门加强互联网信息内容管理，依法查处违法违规网站等。

2018年3月，国务院下发《国务院关于机构设置的通知》，通知中指出：国家互联网信息办公室与中央网络安全和信息化委员会办公室，一个机构两块牌子，列入中共中央直属机构序列。

2007年12月，国家广播电影电视总局（现国家广播电视总局）、中华人民共和国信息产业部审议通过了《互联网视听节目服务管理规定》，该规定明确提出："国务院广播电影电视主管部门作为互联网视听节目服务的行业主管部门，负责对互联网视听节目服务实施监督管理，统筹互联网视听节目服务的产业发展、行业管理、内容建设和安全监管。国务院信息产业主管部门作为互联网行业主管部门，依据电信行业管理职责对互联网视听节目服务实施相应的监督管理。地方人民政府广播电影电视主管部门和地方电信管理机构依据各自职责对本行政区域内的互联网视听节目服务单位及接入服务实施相应的监督管理。"依据该规定，从事互联网视听节目服务，应当取得广播电影电视主管部门颁发的信息网络传播视听节目许可证或履行备案手续。

2012年，国家广电总局（即国家广播电视总局）发布第53号文件《关于进一步加强网络剧、微电影等网络视听节目管理的通知》，该通知鼓励生产制作健康向上的网络剧、微电影等网络视听节目；同时也加强了对网络视听节目的管理，要求进一步强化网络剧、微电影等网络视听节目播出机构准入管理，强化网络剧、微电影等网络视听节目内容审核，强化网络剧、微电影等网络视听节目审核队伍建设，强化网络剧、微电影等网络视听节目监管；并对网络视听节目服务单位的退出机制予以强化。

2017年6月30日，中国网络视听节目服务协会常务理事会通过《网络视听节目内容审核通则》，该通则对网络视听节目的表现形式进行了界定，明确网络视听节目主要包括以下节目。

（1）网络剧、微电影、网络电影、影视类动画片、纪录片；

（2）文艺、娱乐、科技、财经、体育、教育等专业类网络视听节目；

（3）其他网络原创视听节目。

该通则要求互联网视听节目服务相关单位应当认真遵守通则的规定，积极传播通则倡导的内容，不得传播通则禁止的内容，并为内容的审核建立了相关标准。

（一）内容审核中需注意的常见问题

（1）涉及国家相关方针政策，如民族宗教问题和外交问题等。

（2）违背法治精神以及现代社会伦理和价值观。

（3）细说历史、歪曲历史。

（4）价值导向偏差，内容迎合低级趣味，宣扬封建迷信、血腥暴力，过度娱乐化。

（5）内容悬浮，脱离实际，比如具体内容涉及早恋、多角恋、炫耀物质、奢侈生活、存在拜物主义思想等。

（6）缺乏原创力，跟风创作。

（7）科幻创作脱离科学准则，典型问题是脱离实际，没有科学依据，杂糅玄幻灵异元素，偏离科幻创作轨道。

（8）片名忽视审美价值引领，哗众取宠，含有软色情意味。

（9）境外演员、天价片酬、阴阳合同等问题。

（二）内容审核中应注意的其他事项

1. 网上时政类视听新闻节目管理要求

互联网视听节目服务单位播出时政类视听新闻节目，应当是地（市）级以上广播电台、电视台制作、播出的节目和中央新闻单位网站登载的时政类视听新闻节目。

互联网视听节目服务单位不得允许个人上载时政类视听新闻节目，任何单位和个人不得转播、链接、聚合、集成非法的广播电视频道、视听节目网站的节目。

2. 重大题材和特殊节目管理要求

对于重大革命和历史题材，以及涉及政治、军事、外交、国家安全、统战、民族、宗教、司法、公安、反腐等特殊题材的所有网络视听节目，要严格遵守宣传管理的相关规定，节目上线前应征求省级以上人民政府有关管理部门或有关方面的意见。

3. 用户上传节目管理要求

用户上传节目内容视同网站自制节目内容管理，网站不得转发用户上传的电影、电视剧、网络电影、网络剧等各类广播电视视听作品全片、片段。未经授权，不得转发PGC机构上传的广播电视视听作品全片、片段。

4. 剪拼改编、片花、预告片等节目管理要求

加强网上片花、预告片等视听节目管理，各视听节目网站播出的片花、预告片所对应的节目必须是合法的广播影视节目、网络原创视听节目。

坚决禁止非法抓取、剪拼改编视听节目的行为，所有视听节目网站不得制作、传播歪曲、恶搞、丑化经典文艺作品的节目，不得擅自对经典文艺作品、广播影视节目、网络原创视听节目重新剪辑、重新配音、重配字幕，不得截取

若干节目片段拼接成新节目播出，不得传播编辑后篡改原意产生歧义的作品节目片段。严格管理包括网民上传的类似重编节目，不给存在导向问题、版权问题、内容问题的剪拼改编视听节目提供传播渠道。

八、全媒体信息审核

"全媒体"是在具备文字、图形、图像、动画、声音和视频等各种媒体表现手段基础之上，进行不同媒介形态（纸媒、电视媒体、广播媒体、网络媒体、手机媒体等）之间的融合，产生质变后形成的一种新的传播形态。因此，"全媒体"不是简单地指媒体种类的"全"，而是强调当前人类信息交互的"全程、全息、全员、全效"等特性。

全媒体通过提供多种方式和多种层次的各种传播形态来满足受众的细分需求，使得受众获得更及时、更多角度、更多听觉和视觉满足的媒体体验。这种全媒体状态的信息传播影响更为深远，故此对全媒体的信息审核就显得尤为重要。

全媒体信息的题材丰富多彩，针对不同题材，对信息内容的辨析与审核有着不同的标准尺度。

（一）神话题材

最早的神话是民间集体创作，口口相传，表现对超自然能力的崇拜、斗争及对理想的追求的故事，是远古时代人类运用想象力对自然及文化现象的思考与探索。因此各民族的神话传说是后世文艺创作的源头，是珍贵的文学宝藏。

以神话为素材所创作的作品逐年增加，其中不乏一些优秀作品，但也有相当多的作品热衷于怪力乱神，过多地使用神怪妖魔形象，编造离奇的故事，以刺激观众感官的方式作为传播策略。

在审核神话题材的作品时，要看它的价值取向、是非判断，提倡正面主题、正面内容，提倡讲述正义、美好的故事，还应注意迷信问题，特别不能在现代环境中展示迷信。形象及环境的美好，也是审核神话题材的一个维度。过度演绎丑恶形象不符合正确的审美导向。

（二）暗黑题材

暗黑题材通过一些压抑的剧情展示社会的阴暗面和人性的扭曲、丑陋，使得作品基调灰暗。这类作品沉重压抑，轻松明亮元素少，经常表现诸如贪欲、阴谋、复仇、执念、淫乱、邪恶、自私、冷漠、残酷、无情等丑恶元素，揭示人的变态心理。

暗黑题材中的黑社会题材的作品，反映的是与主流社会相悖的地下黑恶势力的活动。在现实环境中扫黑、除恶是社会专项治理的重要内容，视听节目不应过度表现黑社会活动。

暗黑题材与我们的时代主流背道而驰，因此作品传播中所引发的负面情绪不容忽视，在审核时应慎重对待。

（三）带有幻想性质的作品

科幻、奇幻、魔幻、玄幻是影视作品中最常见的和幻想有关的作品类型，构成幻想类作品的主要元素是想象和逻辑。幻想类作品应当尊重科学原理，在一些影视作品中，有些由科学原理推断而来的科学假象虽未被证实，但也有一定的科学依据。

幻想类作品应和宣扬迷信的作品有明显的区别，一般不应过度演绎超自然神秘力量，对一些神秘现象应做出科学的解释，因此对此类作品的审核要注重科学原理。

（四）注意境外中国公民的形象

有些作品表现中国公民在海外行侠仗义，维护的是正义，消灭的是坏人，体现了中国人的英雄精神。但这类作品容易遭人诟病，当今世界是法治世界，任何中国公民都应遵循所在国的法律，而不是无视。根据国际通行惯例，外国人在居留国没有侦查权、执法权，更不应该随意使用武力，此类作品在表现中国人的英雄精神时，要考虑是否合法。

（五）虚拟背景下的故事和国情元素

一些作品为扩充表现空间，常在虚拟背景下展开故事，这些作品的创作需要考虑逻辑性和传播效果。虚拟背景设计基于国内现实时空的，要考虑我国历史和国情，不能脑洞大开，脱离历史、国情延展故事；基于国外时空的，要考虑他国的社会、文化、法律环境。

我国国情包括我们国家的体制、机制，也包括我国人民长期形成的文化习惯、道德规制。虚拟环境即使脱离人类社会，也应符合逻辑，符合人类伦理道德。

（六）同性恋的区分和表现

同性恋不是病，也不是罪，其包括同性恋倾向、同性恋行为、同性恋运动等。按照法规要求，在影视作品中不能表现同性恋行为，也应尽量回避和同性恋相关的内容。同性恋话题是一个比较敏感的话题，和同性恋有关的内容需要慎重对待，对于一些表现同性之间的友谊的作品，不能轻易判断为表现同性恋的作品。

（七）对穿越题材作品的辨析

在作品中运用穿越手法的初衷是开辟另外一个时空，增加表现的丰富性。但一些穿越剧异想天开，不注重穿插情节设计的合理性，出现逻辑错误，让观众无法接受。

穿越包含时间穿越、空间穿越，甚至灵魂穿越。不是所有的作品都适合运用穿越的手法。穿越题材作品的基本要求是取向正面、逻辑顺畅，不违反法规规定。

第二节 媒体平台定位与持证许可

一、媒体平台定位

一般认为，媒体平台的定位主要侧重于受众定位和功能定位两个方面。媒体平台是信息传播的平台，需要吸引特定受众，满足受众的消费偏好和需求；媒体平台也是舆论平台，还肩负着对广大受众进行正确引导的重大责任。

受众定位是媒介实现市场占位的基础，主要是进行市场的细分，即在当前市场竞争环境下，了解目标受众的需求，结合媒体的自身特点和资源条件等因素，确定媒体的经营目标，进而实现市场细分。功能定位则是媒介实现传播效益的指向性要求，是受众的客观需求和媒介主办者的主观愿望相结合的产物。受众定位需要借助功能定位来明确，进而对媒体平台的设计和生产有一定的指导意义。

二、持证许可

基于媒体平台功能定位及受众定位的不同，国家针对性建立了不同的许可审核制度，要求持证准入，即只有获得相关许可证才可以从事相应的媒体传播活动。同时按照规定，许可证有一定的期限限制，对于即将到期的许可证，发证机构和管理部门将组织换证，即许可准入的审核是持续性的，以确保持证机构符合国家相应要求。

（一）互联网新闻信息服务许可

在网络新媒体发展的早期，互联网新闻信息服务管理规定并未将互联网应用程序等纳入监管范围，网络媒体只要不做采编工作，从事新闻信息的传播和转载就是合法合规的。但其后伴随着"追逐流量"的大氛围，为了所谓的"吸睛"，部分网络平台在传播新闻信息过程中产生了不少新问题，如"标题党"就曾经多次被网信办点名。更为严重的是，随着移动互联网和自媒体的快速发展,各种非法采编、创作、发布和转载新闻资讯的情况屡禁不绝,甚至个别组织和个人在通过新媒体方式提供新闻信息服务时,存在肆意篡改、嫁接、虚构新闻信息等情况,带来了较为恶劣的社会影响。

2017年6月1日,国家互联网信息办公室室务会议审议通过《互联网新闻信息服务管理规定》,该规定明确要求:通过互联网站、应用程序、论坛、博客、微博客、公众账号、即时通信工具、网络直播等形式向社会公众提供互联网新闻信息服务,应当取得互联网新闻信息服务许可。禁止未经许可或超越许可范围开展互联网新闻信息服务活动,包括互联网新闻信息采编发布服务、转载服务、传播平台服务。依照上述规定的要求,申请互联网新闻信息服务许可需要具备"有与服务相适应的专职新闻编辑人员、内容审核人员和技术保障人员;有健全的互联网新闻信息服务管理制度;有健全的信息安全管理制度和安全可控的技术保障措施;有与服务相适应的场所、设施和资金"等条件。互联网新闻信息服务提供者应当设立总编辑,总编辑对互联网新闻信息内容负总责。总编辑人选应当具有相关从业经验,符合相关条件,并报国家或省、自治区、直辖市互联网信息办公室备案。

以上规定施行后,网信办开始颁发"互联网新闻信息服务许可证",截至2018年4月30日,获得互联网新闻信息服务资质的互联网新闻信息服务单位共有304家,其中包括人民网、新华网、央视网等央媒平台,以及新浪、腾讯等知名网站。

(二)互联网视听节目服务许可

鉴于网络视听节目的受众越来越广,影响越来越大,强化网络剧、微电影等网络视听节目播出机构的准入管理越来越重要。

《互联网视听节目服务管理规定》于2008年1月31日起实施,其第七条对从事互联网视听节目服务单位的资质条件进行了规定,明确"从事互联网视听节目服务,应当依照本规定取得广播电影电视主管部门颁发的信息网络传播视听节目许可证或履行备案手续"。2012年国家广电总局的第53号文件再次强调，从事网络剧、微电影等网络视听节目播出的互联网视听节目服务单位，应具有满足审核需求的经国家或省级网络视听节目行业协会培训合格的审核人员，具备健全的节目内容编审管理制度，并依法取得广播影视行政部门颁发的信息网络传播视听节目许可证，严格按照许可业务范围开展业务。信息网络传播视听节目许可证由广电总局按照信息网络传播视听节目的业务类别、接收终端、传输网络等项目分类核发。信息网络传播视听节目许可证的业务类别分为播放自办节目、转播节目和提供节目集成运营服务等。接收终端分为计算机、电视机、手机及其他各类电子设备。

2014年3月，国家新闻出版广电总局（现国家广播电视总局）发布2号文件——《关于进一步完善网络剧、微电影等网络视听节目管理的补充通知》，该文件的相关要求如下：

从事生产制作网络剧、微电影等网络视听节目的机构，应依法取得广播影视行政部门颁发的广播电视节目制作经营许可证。互联网视听节目服务单位不得播出未取得广播电视节目制作经营许可证的机构制作的网络剧、微电影等网络视听节目。

个人制作并上传的网络剧、微电影等网络视听节目，由转发该节目的互联网视听节目服务单位履行生产制作机构的责任。互联网视听节目服务单位只能转发已核实真实身份信息并符合内容管理规定的个人上传的网络剧、微电影等网络视听节目，不得转发非实名用户上传的此类节目。

第三节 "四全"媒体时代对信息审核员的要求

一、"四全"媒体的概念和发展

（一）"四全"媒体的概念和特点

2019年1月，习近平总书记在中共中央政治局第十二次集体学习时提出：

全媒体不断发展，出现了全程媒体、全息媒体、全员媒体、全效媒体，信息无处不在、无所不及、无人不用，导致舆论生态、媒体格局、传播方式发生深刻变化，新闻舆论工作面临新的挑战。

"四全"媒体强调的是全程、全息、全员和全效的融合。全程媒体侧重的是时空维度的"全"，媒体可以从事件的开端到最终的结果持续性为读者进行全程报道。全息媒体突出的是信息传播的方式和信息内容的"全"，随着数据时代的发展，媒体信息不再局限于传统的图文，音频、视频等的广泛使用使得信息传播更加立体化，受众体验感更为丰富。全员媒体是指信息的传播者和接收者不再有严格的限制和界限，在网络时代，人人都能成为信息的传播者和接收者，信息传播主体逐渐"全员化"，如抖音的兴起，就是较为典型的公众在信息传播中的参与度大幅提升的实例。全效媒体主要是强调媒体功能维度的"全"，受互联网技术的影响，各式各样的应用能够齐聚于同一互联网媒体平台，这使得媒体平台的功能空前丰富，相对于传统媒体较为单一的信息传播功能，全效媒体能更加高效地对受众进行信息展示和收集信息反馈。

综合来看，"四全"媒体的发展是科技和社会发展的结果，而其发展也推动了媒体传播力、引导力、影响力和公信力的不断提升。"四全"媒体在近年的两会报道中也得到了充分体现，受新冠肺炎疫情（现更名为新型冠状病毒感染）的影响，2020年的全国两会通过网络视频方式来安排新闻发布会，"委员通道""代表通道""部长通道"等采访活动，云端对话、隔屏交流成为两会期间的一大亮点。这也让习近平总书记提出的全程媒体、全息媒体、全员媒体、全效媒体的"四全"媒体理念得到了全面的实践和检验。

（二）"四全"媒体的发展

伴随5G技术和AI技术的不断进步，"四全"媒体的传播技术迅猛发展，其影响力也在迅速上升。"5G+AI"的发展将使无间断直播成为可能，媒体能够更为智能化地利用大数据，同时可以通过AI来实现新闻资讯的秒级生成，形成全程"无人化"的智能操作，由此，新闻内容的生产和传播将发生颠覆性的变化。"5G+AI"的不断融合能实现以文字、音频、视频等全媒介方式向用户提供内容生动、千人千面的个性化、沉浸式的内容定制服务。在5G环境下，媒体对用户的细分控制力和精准影响力也将大大增强。

传统媒体与新媒体的交互性影响也在不断融合提升。许多传统媒体都在加快打造"四全"媒体平台，以适应社会的发展。在2022年全国两会期间，新华社就运用"5G+8K+新立方演播室"实现了虚拟空间和现实世界的完美结合，实现了"沉浸式听会+沉浸式聊会"。

国家形象是大众传媒在公众舆论中的投影。处于全媒体快速发展时代，中国的国家形象受信息传播机制的变迁与日趋丰富的传播手段的影响而产生改变，尤其是2020年以来，新冠肺炎疫情作为重大的国际性议题和公共卫生事件，关系到每个国家、每个民众的切身利益，因此，中国在对外传播环境中塑造国家形象的责任更加重大。当前，"四全"媒体已被提升至国家战略发展高度，与对外传播及国家形象建构相辅相成。全程媒体在新闻与传播领域的体现，就是全程把控传播环节，不放过任何一次传受互动。从新闻报道的选题策划到效果反馈的每一个环节——"对象、内容、渠道、受众、效果"，新闻媒体必须发挥"把关人"作用。比如在新冠疫情下的"战疫"实践中，国家媒体全方位从传递消息、宣誓立场、主动回击、多维展示四个维度勾勒立体的中国形象，提升对外传播效果。

二、"四全"媒体对信息审核员的要求

基于"四全"媒体的全程、全息、全员、全效的特性，其传播的内容丰富多样、影响广泛，要对其传播的信息进行精准的审核，难度毫无疑问是很大的，这对信息审核员提出了较高的能力要求。信息审核员应熟悉国家的法律法规，充分理解国家政策、行业自律规范；需要具备较高的政治站位和更为高远的格局意识，对敏感信息要有较快的反应能力。要满足这些要求，信息审核员就需要通过培训充分熟悉相关审核标准，不断学习，拓展知识面。

思考题

一、传统媒体信息一般是如何审核的？

二、如何理解"三审三校"？

三、如何理解媒体平台的"受众定位"与"功能定位"？

四、什么是"四全"媒体？其有何特点？

五、如何理解"四全"媒体发展与国家形象的关联性？

六、"四全"媒体对信息审核员的要求有什么特殊性？

第二章　全媒体信息审核的发展趋势

【目标】

通过本章的学习，学生应了解全媒体信息审核的主体，了解全媒体时代信息审核的人才要求和技术要求；理解全媒体信息审核的导向要求和职能；掌握"四全"媒体下信息审核的精益管理要求。

第一节　全媒体信息审核的主体、要素与形态

一、全媒体信息审核的主体

在全媒体信息审核中，网信办肩负重要职能，主要负责以下工作：落实互联网信息传播方针政策和推动互联网信息传播法制建设，指导、协调、督促有关部门加强互联网信息内容管理，负责网络新闻业务及其他相关业务的审批和日常监管，指导有关部门做好网络游戏、网络视听、网络出版等网络文化领域业务布局规划，协调有关部门做好网络文化阵地建设的规划和实施工作，负责重点新闻网站的规划建设，组织、协调网上宣传工作，依法查处违法违规网站等。

我国当前网络视听节目监督及审核的主管部门是国家广播电视总局，同时建立了中国网络视听节目服务协会，构建的是政府层面政策制定和监督，市场主体自发监督及审核，行业协会、群众监督等多层次的监管及审核体系。

全媒体应该像传统媒体一样建立严格的信息审核制度，全媒体信息平台只有具备与其服务相适应的专职新闻编辑人员、内容审核人员和技术保障人员，才能保障其视听节目的正确导向。

（一）三级审核制

网信办和国家广电总局均强调：各级播出机构要严格执行播前三级审查、重播重审等基本制度，进一步建立完善节目审查标准、实施细则和问责制度，认真梳理制作、播出各环节风险点，强化管控措施。各级广播电台、电视台主要负责同志是落实意识形态工作责任制的第一责任人，要主动履行节目管理责任，对黄金时段节目和重点敏感节目亲自审查，严格把关。

三级审查主要强调"三审三校"制度。"三审三校"制度强调的是各类信息需要经过三级审核、三次校对合格才能发布，是传统媒体编辑出版的基本规范，也是传统媒体把关的重要手段。全媒体在信息传播过程中，应同样严格落实"三审三校"，制定并完善针对内容的编审制度以及编发流程，切实履行媒体职责，落实导向管理全覆盖，建立常态化的把关责任制。

"三审三校"制度在程序上交叉互补、递进制约，既可以实现对新媒体发布的信息内容的客观、公正评价，也可以避免编辑人员知识不足和工作疏忽所造成的失误，有助于对信息质量的严格把关。

（二）内容审核总编辑负责制

总编辑负责制是新闻出版单位等专业化群体中所实行的一种由总编辑对全部工作负主要责任的组织管理制度。2017年6月，国家新闻出版广电总局印发的《关于进一步加强网络视听节目创作播出管理的通知》中对网络视听节目的创作播出提出了进一步要求。该通知要求各网络视听节目服务机构要全面落实主体责任，建立健全完善有效的把关机制；要全面落实播前内容审核、总编辑负责制等规章制度，把导向责任落实到采编制播各个环节、具体岗位，做到各负其责，避免上一环节把风险隐患推诿到下一环节；要加强人员培训，提高政治素质、业务水平，提高业务能力；要健全内部责任追究制度，出现问题要深入分析原因、倒查责任，对失职渎职人员严肃追责。

自该通知发布后，许多网络视听节目服务平台逐步建立了总编辑负责制，由总编辑负责信息平台的内容导向和内容安全。同时为了保证内容导向正确，许多平台进一步扩充了审核人员队伍，保证审核人员的数量与网络视听节目服

务机构的发展速度相匹配。

2018年4月,国家广播电视总局责令"今日头条"网站永久关停"内涵段子"客户端软件及公众号,并要求该公司举一反三,全面清理类似视听节目产品。今日头条CEO随即发表公开信,向监管部门、用户及今日头条同事致歉,明确今日头条将按照相关规定强化总编辑责任制,全面纠正算法和机器审核的缺陷,不断强化人工运营和审核,将现有6000人的运营审核队伍扩大到10000人。

2021年9月15日,国家互联网信息办公室发布《关于进一步压实网站平台信息内容管理主体责任的意见》,该文件首次系统提出网站平台履行信息内容管理主体责任的工作要求:首先从四个维度明确把握主体责任的内涵,然后从完善平台社区规则、加强账号规范管理、健全内容审核机制、提升信息内容质量、规范信息内容传播、加强重点功能管理、坚持依法合规经营、严格未成年人网络保护、加强人员队伍建设等9个方面,对网站平台履行主体责任提出具体要求。针对健全内容审核机制,该意见指出,严格落实总编辑负责制度,明确总编辑信息内容审核权利责任,建立总编辑全产品、全链条信息内容审核把关工作机制。完善人工审核制度,进一步扩大人工审核范围,细化审核标准,完善审核流程,确保审核质量。建立违法违规信息样本库动态更新机制,分级分类设置,定期丰富扩充,提升技术审核效率和质量。健全重点信息多节点召回复核机制,明确重点信息范围、标准、类别等,对关系国家安全、国计民生和公共利益等重点领域信息,增加审核频次,加大审核力度,科学把握内容,确保信息安全。

网络平台禁止任何涉及损害未成年人身心健康和合法权益的行为和内容:

(1)涉及色情、低俗的内容。

(2)涉及侵害未成年人身体、财产、人格、隐私的内容。

(3)涉及未成年人不当行为的内容。

(4)涉及毒害未成年人身心健康和价值观的内容。

(5)涉及对未成年人产生潜在危险的行为。

(6)涉及过度消费未成年人的内容,如诱导未成年人无底线追星、打榜应援的行为。

（7）诱导未成年人参加明星粉丝团、后援会等影响未成年人正常学习、休息的线上活动，以及组织未成年人开展各种线上集会等行为。

（8）其他影响未成年人生命财产安全、健康成长的行为和内容，主要包括：未成年人在平台注册账号应当得到其监护人的同意，否则监护人可以通过合理方式通知平台处理相关账号；未成年人账号将被限制特定民事行为权利，包括但不限于平台交易、投票打榜、付费打赏或应援消费等行为。

（三）网上网下统一尺度

在意识形态方面，全媒体与传统媒体都需要承担社会责任。传统媒体的信息审核制度已经经历较长时间的发展和实践，其审核制度较为系统和成熟，而全媒体基于其"四全"特性，信息审核还需要进一步加强。在全媒体的发展过程中，一度问题频发进而引发负面舆情，说明对全媒体的信息审核不能放松。在传统媒体中限制发布的各类信息如果在全媒体中放松尺度，就势必会给不良信息留下生存的空间，故此全媒体必须建立长效管理机制，形成规范化、常态化的传播伦理规范，并且应该与传统媒体保持统一的审核尺度，以确保网上网下一把"尺子"，让不良信息的传播不再有空可钻。

由于网络视听节目属于新生事物，最初对其进行监管时监管规则不够明确，因此审核尺度相对宽松，一些传统媒体极少出现的错误在网络新媒体频现。例如传统媒体通常政治把关较为严格，用语较为规范，将中国与台湾并列提及这样的低级错误在报纸、电视和电台中基本不会出现，但由于网络新媒体人员复杂，审核尺度相对宽松，类似用语错误在新媒体中时有发生，极易引发负面舆情。

以下是网络视听节目中严禁出现的内容。

1. 危害国家及社会安全

（1）反对宪法所确定的基本原则；

（2）危害国家安全，泄露国家秘密，颠覆国家政权，破坏国家统一；

（3）损坏国家形象，损坏国家荣誉和利益；

（4）煽动民族仇恨、民族歧视，破坏民族团结；

（5）违背、破坏国家宗教政策，宣扬邪教、封建迷信、伪科学；

（6）煽动非法集会、结社、游行、示威、聚众扰乱社会秩序，破坏社会稳定与公共安全；

（7）侮辱或者诽谤他人，侵害他人名誉、隐私和其他合法权益；

（8）含有法律、行政法规和国家规定禁止的其他内容。

2. 开展、传播违法犯罪行为

（1）宣扬暴力、恐怖、极端主义，煽动实施暴力、恐怖、极端主义活动；

（2）歪曲、丑化、亵渎、否定英雄烈士及其事迹和精神；

（3）借助国家重大活动、英雄烈士等进行商业营销宣传；

（4）传播淫秽、色情、赌博、毒品、暴力、凶杀、恐怖、教唆犯罪等行为；

（5）伪造、售卖、恶意损坏、恶搞、涂鸦人民币；

（6）违法开展募集、募捐活动；

（7）打架斗殴、欺凌霸凌等违反治安管理的行为；

（8）利用平台实施诈骗、传销、走私等违法犯罪行为；

（9）违法销售任何国家法律法规禁止或限制销售的商品、服务，包括但不限于枪支弹药、爆炸物、管制刀具、野生动植物、医疗服务、医美服务、医疗器械、药品和保健品、三无产品、烟草等。

与传统媒体，如电视台相比较，网络影视剧往往尺度较大，再加上新媒体具有"所有人向所有人传播"这一特质，一度互联网上所谓的"未删减版""完整版""删减片段"肆意传播，网络影视方面，耽美类、暴力类，甚至情色类影视一度大热。在引发热议的网络影视剧下架事件中，热门剧《上瘾》《余罪》《太子妃升职记》等被下架均是由于其内容严重不符合电视台的节目审核标准。这些网络剧所传播的内容刻意展示和强化了亚文化、丧文化，明显偏离了正常的价值导向，基于传统媒体的严格审核制度，它们在电视台是不可能公开播放的，却一度在网络平台上自由传播。

如果同样的内容在传统媒体不能播出，在新媒体渠道却可以广为传播，毫无疑问对受众的价值导向是存在偏差的，这样的双轨运行必然也不是国家网络视听节目管理部门能够接受的。

2017年6月1日，国家新闻出版广电总局发布《关于进一步加强网络视听节目创作播出管理的通知》。该通知指出：一些网络视听节目中存在着价值扭曲、娱乐至上、内容低俗、品质低劣、格调低下、语言失范等问题，亟须加强引导，及时整治。其中最令人关注的一点就是："网络视听节目要坚持与广播电视节目同一标准、同一尺度。"要求网络节目与电视节目受到同样标准的监管，线上线下标准统一。简言之，基于审核要求，电视台不能播放的，网络平台也不能播放。

随着以上通知的发布，网络影视剧的审核流程逐渐规范。目前网络影视剧和电视剧的审查标准逐渐趋同，一些着力于展现耽美、暴力、暗黑、低俗等元素的网剧也就随之消失了，说明只有真正实现网上网下统一尺度，确保网剧和电视剧的内容审查标准与机制的一致性，才能真正地迎来清朗空间。

二、全媒体信息审核的要素

全媒体信息审核的具体要素包括导向要素和内容要素两大方面。

（一）导向要素

全媒体平台应坚持正确的政治导向、价值导向、审美导向，体现高雅健康的审美情趣和文化品位，引导人们树立正确的世界观、人生观、价值观。2017年的《网络视听节目内容审核通则》提出，互联网视听节目服务相关单位应坚持正确的政治方向，努力传播体现当代中国价值观念、体现中华文化精神、反映中国人审美追求的优秀作品。具体包括，坚持以人民为中心的创作导向；坚持以现实题材为主，贴近实际、贴近生活、贴近群众，记录时代发展和社会进步；大力弘扬中国优秀传统文化等。

1. 政治导向

全媒体平台应始终坚持正确的政治导向，围绕中心，服务大局，坚持"二为"方向和"双百"方针。"二为"方向强调的是坚持为人民服务、为社会主义服务的方向，这是社会主义制度对文化建设提出的本质要求，是社会主义精神文明的具体体现，是社会主义文化必须担负的社会责任。

"双百"方针强调的是坚持百花齐放、百家争鸣的方针，这是社会主义初级阶段的基本国情对文化建设提出的客观要求，是由人民群众日益增长的多层次多方面多样化精神文化需求决定的。

全面贯彻"二为"方向和"双百"方针，是针对当前我国文化创作生产现实状况提出来的。推动文化繁荣发展，满足人民多样化精神文化需求，不论是发展文化事业还是发展文化产业，基础工作是要创作生产更多优秀作品。这是文化繁荣发展的重要标志，也是文化繁荣发展的重要支撑。

全媒体应自觉承担新形势下宣传思想工作的使命任务，不断通过优秀的网络视听节目主动宣传新时代中国特色社会主义和中国梦、习近平法治思想；主动宣传中国共产党治国理政的故事，宣传中国人民努力奋斗、振兴乡村的故事；主动宣传中国坚持和平发展合作共赢的理念和故事。以优秀的节目对我国先进的思想、制度、代表人物和故事进行传播，不仅能够更好地凝聚社会共识，巩固全党全国人民团结奋斗的共同思想基础，也能更好地向全世界介绍和宣传中国，让全世界人民更好地了解中国。全媒体应该积极主动为国家发展、社会进步、人民幸福、文化繁荣提供宣传助力，不能让互联网成为传播有害信息、造谣生事的平台。

2. 价值导向

全媒体平台应该坚持正确的价值导向，坚持以社会主义核心价值观为引领，大力弘扬革命文化和社会主义先进文化，大力弘扬以爱国主义为核心的民族精神和以改革创新为核心的时代精神，歌唱祖国、赞美英雄、讴歌时代，引导人民树立和坚持正确的历史观、民族观、国家观、文化观。

网络视听节目中应该严禁出现宣扬不良的、消极的、颓废的人生观、世界观和价值观的内容。例如，网络节目中严禁出现推崇和宣扬拜金主义、享乐主义及宣传和推广"丧文化""灰色论调"的内容。这些负面价值观在互联网的传播极易对青少年造成不良影响，也容易形成不良的社会风气。更为严重的如网上出现的自杀游戏、相约自杀这样的信息，极易给未成年人带来难以挽回的后果。

3. 审美导向

全媒体信息的传播对受众审美的影响较为直接，因此其传播内容必须树立正确的审美导向，应该带给人们美的享受，并且应该能够提高人们对美的认知能力、辨别能力、感受能力，用正确的美的体验净化人们的心灵，也能较好地引领正确的审美潮流。

部分网络节目中所出现的对民族优秀文化传统的贬低、戏说，不仅歪曲历史，还极易带偏青少年的审美观。例如，近些年广泛引起公众热议的"抗日神剧"，其部分内容表现出了对我国革命历史甚至英雄人物的娱乐化；网络平台上也一度出现了对京剧、古典名著人物形象的歪曲化表现。这些不良行为不仅不利于传播中国优秀文化，反而极易在青少年中造成恶劣影响，与国家弘扬的审美观背道而驰。

（二）内容要素

全媒体中呈现的各类网络视听节目，除了坚持正确的导向要素外，对内容要素也应予以高度重视。各类节目的内容应该坚持以现实题材为主，贴近中国的实际情况，努力讲好中国故事，弘扬中国优秀文化和价值观，更好地反映中国人民的日常生活，满足广大群众的审美需求。在全媒体信息总体内容符合导向原则的情况下，要对所传播的信息的基本构成要素进行严格把关，依据2017年《网络视听节目内容审核通则》的规定，需要审核的内容要素覆盖了情节、画面、台词、歌曲、音效、人物、字幕等。

三、全媒体信息审核的形态

（一）文字审核

全媒体信息传播中所使用的文字本身必须具有规范性，新华社在《新闻阅评动态》第315期发表《新华社新闻报道中的禁用词（第一批）》中规定了媒体报道中的禁用词，体现了人道主义和主权意识。常见的语言文字错误主要表现为以下几个方面：

第一，用语表述与国家的政治立场、民族团结等不一致，常见的如涉及港澳台的用语出现不规范的表述，以错误的简称或代称代替官方用语。

新华社禁用词中明确要求：不得将香港、澳门与中国并列提及，如"中港""中澳"等。不宜将内地与香港、澳门简称为"内港""内澳"，可以使用"内地与香港（澳门）"，或者"京港（澳）""沪港（澳）"等。钓鱼岛不得称为"尖阁群岛"。严禁将新疆称为"东突厥斯坦"，在涉及新疆分裂势力时，不使用"疆独""维独"……

第二，创造性地使用原本不存在的词语或者对已经存在的词语生硬地赋予新意思。

这种使用方式极容易引发平台传播，进而导致未成年人产生对词语的误解，如喜大普奔、累觉不爱、人艰不拆等。新华社专门指出：近年来"追星"活动中不按汉语规则而生造出的"玉米""钢丝""凉粉"等特殊词汇，新华社报道中只能使用其本义，不能使用为表示"某明星的追崇者"的引申义。如果报道中因引用需要，无法回避这类词汇时，均应使用引号，并以括号加注，表明其实际内涵。

第三，使用不文明用语。

新华社曾明确公布了新闻媒体和网站应当禁用的38个不文明用语：装逼、草泥马、特么的、撕逼、玛拉戈壁、爆菊、JB、呆逼、本屌、齐B短裙、法克鱿、丢你老母、达菲鸡、装13、逼格、蛋疼、傻逼、绿茶婊、你妈的、表砸、屌爆了、买了个婊、已撸、吉跋猫、妈蛋、逗比、我靠、碧莲、碧池、然并卵、日了狗、屁民、吃翔、××狗、淫家、你妹、浮尸国、滚粗。

（二）图片、视频审核

全媒体信息审核不仅需要关注语言文字的规范性，还需要对图片、视频的内容、情节本身进行审核。图片、视频的审核必须严格按照网络信息审核的规范进行。侵权违法行为是网络图片、视频传播中的一个典型现象，特别是公众人物的肖像权问题，所以目前图片审核流程也会涉及人脸检测、人脸特征提取和特征对比等，以防止上传图像涉及侵权或其他敏感法律问题。当然，更为常见的问题是图片、视频中出现了不符合我国政治立场的情节或内容，出现了血

第二章　全媒体信息审核的发展趋势

腥、暴力、色情等画面，出现了与自然规律严重不符的情节或内容。例如部分主播为了吸引流量，在直播带货的视频中居然出现了橘子树上结草莓、辣椒苗长西红柿等严重违背自然规律的镜头（图2-1）。

图2-1　网络直播出现严重违背自然规律的镜头

在审核图片、视频内容时常见的问题有：

（1）分裂势力人物和标识。

（2）破坏民族团结的图片和视频。

（3）邪教组织的图片和标识、引发宗教矛盾和冲突的图片和视频。

审核要点：

①邪教组织头目。

②特定组织机构的logo、标识。

③不恰当地比较不同宗教、教派的优劣，可能引发宗教、教派之间矛盾和冲突的内容。

④戏说和调侃宗教内容，以及各类恶意伤害民族宗教感情的言论。

（4）含有恐怖主义以及相关组织的标识、活动、行为、主张的内容需加强识别。

（5）传播不正确的历史观的内容。

审核要点：

①重新解读历史，否定中华人民共和国成立以来的历史成就，以及共产党

历史的内容。

②以赞同、歌颂的态度美化历史上民族间的残酷战争。

（6）贬损优秀文化传统的内容。

审核要点：

①自拍自制类节目需重点审核，较为常见的类型有调侃英雄人物、领导人。

②涂鸦国旗、篡改国歌，尤其是此类音视频内容。

③对历史尤其是革命历史，以及经典革命作品进行恶搞或过度娱乐化表现的内容。

④颠覆经典名著中重要人物人设的内容。

（7）淫秽低俗的图片、视频。

审核要点：

①以单纯感官刺激为目的，渲染特殊癖好。

②对于自拍类、偷拍类、摄像头录像等视频内容需加强审核，较容易出现低俗违规内容。

③整体节目导向或主题以低俗为卖点，充斥性暗示以及低俗的语言。

④低俗广告、低俗歌曲，以及低俗短视频、微电影等是较为常见的形式。

（8）影响未成年人身心健康的内容。

审核要点：

①表现未成年人早恋，以及抽烟酗酒、打架斗殴、滥用毒品等不良行为的内容。

②传播未成年人炫富、粗俗言语等行为。

③展示未成年人或者未成年人形象的动画、动漫人物的性行为，或让人产生性妄想的图片和视频。

④以动画形象展现暴力、凶杀等行为。

（9）宣扬不正确价值观的内容。

审核要点：

①宣扬拜金主义和享乐主义，以及非正常的婚恋观等（其中重点注意非主流渠道宣发的影视节目，例如换妻、不伦恋等）。

②宣传丧文化、自杀游戏（重点注意游戏）。

（10）含有其他常见违规内容的图片、视频。

审核要点：

①展示具有杀伤力的危险物品（管制刀具、杀伤性武器）、化学材料等危害物品（自制爆炸物、枪支）。

②展示非法信息以及其他违法行为（传授偷盗、翻墙技巧，有关传销及金融诈骗等）。

（三）系统关键词筛选

为提高敏感信息的审查效率，软件公司及网络平台大量开发和应用相应的系统软件。此类软件一般采用相应的技术设置，采集待审查的网站数据，对网站后台数据进行捕获和分析，通过敏感词条件表达式进行文本过滤，进行全文索引，依据任意词进行检索，能够高效过滤网络平台的各种非法信息，保证平台的正常运营。

以下是全媒体行业中，平台应用大数据进行初步筛查的几大违规词条类型。

1. 严禁使用的不文明用语

装逼、草泥马、特么的、撕逼、玛拉戈壁、爆菊、JB、呆逼、本屌、齐B短裙、法克鱿、丢你老母、达菲鸡、装13、逼格、蛋疼、傻逼、绿茶婊、你妈的、表砸、屌爆了、买了个婊、已撸、吉跋猫、妈蛋、逗比、我靠、碧莲、碧池、然并卵、日了狗、屁民、吃翔、淫家、你妹、浮尸国、滚粗。

2. 严禁使用的疑似欺骗用户的词条

恭喜获奖、全民免单、点击有惊喜、点击获取、免费领取、领取奖品、非转基因更安全等。

3. 严禁使用的刺激消费的词条

秒杀、抢、再不抢就没了、不会再便宜了、万人疯抢、抢疯了等。

4. 淫秽、色情、赌博、迷信、恐怖、暴力、丑恶用语

（1）算命、算卦、神仙、保佑、玉皇大帝、王母、鬼怪、精灵、如来、佛祖、财神、灶神、大仙、门神、魔鬼、地狱、报应等词语；

（2）带来好运气、增强第六感、化解小人、增加事业运、招财进宝、健康富贵、提升运气、有助事业、护身、平衡正负能量、消除精神压力、调和气压、逢凶化吉、时来运转、万事亨通、旺人、旺财、趋吉避凶、转富招福等。

5.民族、种族、性别歧视用语

回回、蛮子、高丽棒子、老毛子、黑鬼、血统、杂种、东亚病夫、蛮夷、大男人、小女人、男尊女卑、重男轻女、洋鬼子、小日本、大汉族主义等。

6.化妆品虚假宣传用语

特效、奇效、高效、强效、速效、速白、一洗白、超强、激活、××日见效、全方位、全面、安全、无毒、溶脂、吸脂、燃烧脂肪、瘦身、瘦脸、减肥、瘦腿、延年益寿、提高记忆力、提高肌肤抗刺激能力、消除、清除、化解死细胞、去除皱纹、平皱、修复断裂弹性（力）纤维、止脱、采用新型着色机理永不褪色、迅速修复受紫外线伤害的肌肤、更新肌肤、破坏黑色素细胞、阻断黑色素的形成、丰乳、丰胸、使乳房丰满、预防乳房松弛下垂、促进睡眠、舒眠等。

7.疑似医疗用语

普通商品（不含特殊用途化妆品、保健食品、医疗器械）中不合规的词条包括：

（1）全面调整人体内分泌平衡、增强或提高免疫力、助眠、失眠、滋阴补阳、壮阳；

（2）消炎、可促进新陈代谢、减少红血丝、产生优化细胞结构、修复受损肌肤、抗炎、活血、解毒、抗敏、脱敏等；

（3）防敏、柔敏、舒敏、缓敏、脱敏、退敏、改善敏感肌肤、改善过敏现象、降低肌肤敏感度等；

（4）减肥、清热解毒、清热祛湿、治疗、除菌、杀菌、抗菌、灭菌、防菌、消毒、排毒等；

（5）镇定、镇静、理气、行气、活血、生肌肉、补血、安神、养脑、益气、通脉等；

（6）促进胃胀蠕动、利尿、驱寒解毒、调节内分泌、延缓更年期、补肾、祛风、生发等；

（7）防癌、抗癌、消灭癌细胞等；

（8）祛疤、降血压、防止高血压等；

（9）改善内分泌、平衡荷尔蒙、防止卵巢及子宫的功能紊乱、去除体内毒素、吸附铅汞等；

（10）除湿、润燥、治疗腋臭、治疗体臭、治疗阴臭等；

（11）美容治疗、消除斑点、斑立净、无斑、治疗斑秃、逐层减退各种色斑、消除妊娠纹等；

（12）毛发新生、毛发再生、生黑发、止脱、生发止脱、脂溢性脱发、病变性脱发、毛囊激活等；

（13）酒糟鼻、伤口愈合、清除毒素等；

（14）缓解痉挛、减轻或缓解疾病症状、处方、药方、经××例临床观察具有明显效果等；

（15）丘疹、脓疱、手癣、体癣、头癣、股癣、脚癣、脚气、鹅掌癣、花斑癣、牛皮癣、传染性湿疹等；

（16）伤风感冒、经痛、肌痛、头痛、腹痛、便秘、哮喘、支气管炎、消化不良等；

（17）刀伤、烧伤、烫伤、疮痈、毛囊炎、皮肤感染、耳部肌肉痉挛等疾病名称或症状；

（18）细菌、真菌、念珠菌、糠秕孢子菌、厌氧菌、芽孢杆菌、痤疮、毛囊寄生虫等微生物名称；

（19）雌性激素、雄性激素、荷尔蒙、抗生素、激素等；

（20）药物、中草药、中枢神经等；

（21）细胞再生、细胞增殖和分化、免疫力、患处、疤痕、关节炎、冻疮、冻伤等；

（22）皮肤细胞间的氧气交换、红肿、淋巴液、毛细血管、淋巴毒等。

过滤软件一般可提供的检测类别如图2-2所示。

图 2-2 过滤软件一般可提供的检测类别

（四）风格导向审核

风格导向也是信息审核的关键要素。有些文字、图片可能并没有出现明显的违规内容，但对价值观、世界观的引领整体上出现了明显的偏离，例如色调、意境、背景等可能出现不良倾向或者不良价值导向。因而在全媒体信息审核过程中不仅要注重内容审核，也应高度重视对风格导向的审核。

1. 传播不良价值观的内容

（1）传播软色情、低俗或含有性暗示、性挑逗等易使人产生性联想的内容，展示低俗、庸俗、媚俗等低级趣味的内容；

（2）宣传畸形的婚恋观，传播、开展情感控制课程，传播低俗婚闹等糟粕文化；

（3）发布涉及地域、民族、种族及针对某一群体（如残障人士等）的恶搞、歧视类内容；

（4）展示各类丧葬过程、丧葬场景，利用逝者炒作、博热度、蹭流量等；

（5）宣扬炫富、拜金主义等歪曲的利益观、金钱观，追求奢靡腐朽的不良生活观念；

第二章　全媒体信息审核的发展趋势

（6）不尊重他人隐私，传播未经当事人允许的偷拍照片或视频；

（7）发布涉及动物的不当内容，如动物低俗内容（包括但不限于动物哺乳行为、刻意展示动物交配）、虐待动物（包括但不限于用硬物砸向动物、向动物扔垃圾、敲打拉扯动物等行为）、违法饲养保护动物、违法捕杀动物、与动物长时间接吻；

（8）发布涉及无底线追星、"饭圈"极端行为相关内容，如互撕、拉踩、引战内容（包括但不限于煽动不同粉丝群体间仇恨敌视情绪，以挑拨或反串黑等形式制造对立骂战等行为）；

（9）攻击、谩骂、诅咒内容（包括但不限于造谣、歪曲事实、职业攻击某特定明星或群体等行为）；

（10）诱导粉丝应援集资、隐蔽集资等行为；

（11）刷帖控评、评论注水等流量造假行为；

（12）人肉搜索、曝光他人个人隐私信息等违法行为；

（13）其他违反公序良俗、传播社会不文明现象的内容。

2. 不利于创建良好生态平台的内容

（1）展示不符合用户协议的商业广告，或类似的商业招揽信息、过度营销信息、导流内容及垃圾信息；

（2）发布的视频中含有活动信息（如抽奖、送礼物等）的联系方式、二维码、链接、地址、日期等元素；

（3）批量发布同质化、低质量、无意义的内容，批量注册虚拟账号；

（4）利用平台骚扰他人，包括但不限于无视他人明确拒绝的态度，以评论、@他人、私信、求关注等方式向他人反复发送重复或相似的诉求；

（5）侵犯平台权益，扰乱社区氛围，包括但不限于利用平台漏洞实施账号作弊行为、非法交易账号、劫持其他账号等；

（6）发布涉及手术过程、文身纹眉过程，或刻意展示伤口等易引人不适的内容。

(五）版权审查

依据我国目前知识产权领域法律法规的要求，网络服务平台在进行信息审核时，也应重视对各类视听节目的版权审查。

（1）网络服务平台应建立相应的审核机制，确保在平台发布的网络短视频没有侵犯版权。在支持原创、保护版权方面，互联网平台会审查商家或用户上传的图片中是否包含违禁水印，如竞品水印、其他产品的 logo 等。当然，水印在图片中的位置并不固定，裁剪、变形、叠加等都会增加审核的难度，但水印的加注和审核有利于维护互联网环境下的版权。

（2）应建立相应机制，对经过合规审查后发布的原创网络短视频等提供版权保护，以保障其在互联网传播时的版权安全。2021 年 10 月 29 日，bilibili（B 站）宣布推出"UP 主版权保护计划"，为 B 站个人创作者提供跨平台侵权稿件监测以及一键维权等功能。加入该计划后，UP 主可主动将原创稿件纳入监测范围，B 站会自动展示站外侵权视频链接以及侵权视频预估播放量，并自动监测新增原创稿件的侵权情况。

第二节　全媒体信息审核的职能

一张图片、一段话、一段几秒钟的小视频往往经由全媒体几个小时就能形成爆发式的传播，对社会舆论和公众心理都会造成深远的影响。这种深远的影响力若利用得当，可以更好地为国家安全、社会稳定、文化繁荣服务，但若相关信息缺乏审核、管理和引导，就极易产生难以估量的负面效果。在全媒体时代，信息审核十分必要，全面的信息审核能够较好地实现其安全职能、导向职能、监督职能和服务职能。

一、安全职能

全媒体信息传播过程中涉及的信息内容非常丰富，信息量十分巨大，因此数据安全存在较大隐患。每天有海量的信息在互联网上发布，这其中极可能涉及国家安全方面的信息，也可能涉及个人隐私方面的信息，因此全媒体信息审核首当其冲的是要担当好虚拟世界中信息保护的安全阀。

在国家安全保护方面，审核的重点是互联网上可能出现的有意或者无意泄露国家秘密的行为。例如：

（1）泄露国家各级党政机关尚未公开的各类文件和讲话；

（2）泄露国家各级党政机关未公开的各类专项工作内容、程序与工作部署；

（3）泄露国防安全、军工产品、核心技术等涉密信息；

（4）私自发布有关党和国家领导人的个人工作与生活信息、党和国家领导人家庭成员信息等。

这些信息的发布不仅涉嫌泄露重要机密，还会对党和国家的各项工作带来干扰，甚至会影响国家安全和社会秩序，审核信息时应该对此类信息保持较高的敏感度，以便及时发现、迅速处理。

在个人隐私方面，对个人身份信息、住址、联系方式等信息在互联网上的发布也应该有所限制。一方面，大量个人信息的泄露不利于对公民个人隐私的保护，容易给个人的生活、学习、工作带来不便，严重的个人信息泄露甚至可能引发"网络暴力"，导致一些极端案例的出现；另一方面，各类个人信息的泄露容易给猖獗的网络诈骗带来可乘之机，诱发各类型的违法犯罪活动。这都不利于维护正常的网络秩序，对个人的人身安全、财产安全造成隐患。

二、导向职能

经过数十年的发展，各行各业都展开了互联网技术革命，这一发展态势不仅让今天人们的日常生活离不开互联网技术，同时互联网环境也对人们的心理认知、情感认知和价值认知产生了深刻的影响。特别是对于年轻人而言，互联网伴随他们成长，从儿童时期他们就与互联网日夜相伴，使得新生代的思维方式、认知过程与行为逻辑都不可避免地受到互联网信息的影响。

作为网络用户广泛接触的网络视听节目,其较强的体验感和互动性不仅使得自身迅速发展,也使得该类节目对年轻一代的价值观念产生深刻影响。因此网络视听节目的传播是一把双刃剑,只有对其进行严格的信息审核,才能保证其给受众带来正确的价值观导向,让全媒体更好地发挥积极引导的作用。

在价值导向层面,不仅要重视对社会主义核心价值观的弘扬,也需要注意对中华优秀传统文化的挖掘和传播。应该通过全媒体信息审核更好地引导文艺工作者、信息传播者树立正确的历史观、民族观、国家观、文化观,应该通过审核促进网络视听节目更多地展现健康向上的信息,能够通过优秀作品更好地鼓舞人心、陶冶情操、启迪心智、引导社会主义新风尚。在全媒体信息审核中要坚决抵制和抑制低俗、庸俗、媚俗的信息传播,要形成讲品位、讲格调、讲责任的理念,推出更多优质的、积极的网络作品。

对于网络用户,全媒体信息平台倡导的行为有:

(1)建立平等友爱的网络环境,尊重平台社区内的其他用户。关爱未成年人群,关照老年人群体,尊重性别平等;不攻击、漫骂、侮辱、诽谤、歧视他人,不侵犯他人合法权益,营造温暖和谐的社区氛围。

(2)发布原创、优质的作品,减少拼接网络图片、粗劣特效、无实质性内容作品;创作画风清晰、完整度高和观赏性强的作品。

(3)记录美好生活,表达真实的自己。建议真人出镜或讲解,避免虚假做作、卖惨、博人眼球的伪纪实行为;避免故意夸大,营造虚假人设。

(4)重视文字的正确使用,避免出现错别字、拼音首字母缩写,自觉遵守语言文字规范。

(5)尊重劳动成果、勤俭节约、合理饮食,避免炫耀超高消费,反对餐饮浪费。

(6)敬畏生命,反对捕杀、盗采珍稀野生动植物,拒绝养殖和食用野生动植物。关爱动物,不虐待、猎杀、交易活体动物。

(7)做文明公民,不闯入、不破坏国家自然保护区,善待自然资源。

(8)提高网络安全防范意识,对网络交友诱导赌博或投资、刷单返利、贷款办卡、网络兼职等网络诈骗行为提高警惕，如有异常，随时向平台举报。

（9）发布经过科学论证的内容，不造谣、不传谣。鼓励经济、教育、医疗卫生、司法等专业人士发布权威真实信息，分享行业知识，促进行业繁荣。

（10）倡导理性、文明、积极的追星理念，传播优质内容并树立良好价值导向，共同维护全媒体产业的健康发展。

三、监督职能

全媒体平台不仅负载的信息量大，且信息表现形式多样，传播覆盖面大，因此，对全媒体信息进行较为全面和系统的审核，有助于网络平台和国家监管主体更好、更及时地了解全媒体信息的传播情况。全媒体平台不仅可以通过审核剔除不良信息，还可以通过审核进行风险分级、舆情监测，能够更好地实现对互联网环境下信息传播的有效监督，能够较好地实现网络空间的净化，进而促进社会稳定与和谐发展。

四、服务职能

国家领导人多次在中央政治局学习讲话中强调："人在哪儿，宣传思想工作的重点就在哪儿，网络空间已经成为人们生产生活的新空间，那就也应该成为我们党凝聚共识的新空间。"全媒体信息审核的重要性由此凸显，因此全行业必须更加深刻地认识到新时代全媒体信息审核工作的价值所在、责任所在、担当所在，自觉围绕中心、服务大局，坚持正确的政治方向、舆论导向、价值取向。全媒体信息审核可以更好地辅助全媒体行业适应社会形势的发展和变化，不仅可以引导全媒体行业健康有序发展，也可以提升我国公共文化的服务水平。

近些年来，在宣传党的十九大、奥运会、建党一百周年等重大宣传节点，新媒体与传统媒体同频共振，全方位、多角度开展报道，形成了主题宣传的舆论强势，构建了融合传播舆论新格局。

第三节　全媒体信息审核的人才与技术要求

基于全媒体自身的特点，要较为高效地完成全媒体信息审核，人才和技术缺一不可。

一、全媒体信息审核的人才要求

近年来，互联网内容逐渐呈现出多元化、碎片化的特点，为了最大程度吸引流量，各互联网平台输出的各类信息急速增长，在一味追求热度的情形下难免出现网络信息良莠不齐的情况。而且网络用户对内容的需求日益多元化，数量庞大、形态多样、主体多元的互联网内容也不可避免地出现了低俗、暴恐、抄袭等混杂的局面。

事实上，绝大多数网民对信息的真伪优劣往往难以辨识，因此健康的互联网环境高度依赖于互联网平台对内容的把关，信息审核工作从而成为整个互联网平台健康发展的有力保障。互联网平台信息的真实性、可靠性越高，其公信力就会越高，随之而来的是人们对平台的依赖程度越大，这样平台自身的发展才会更加完善，形成良性循环。反之，若互联网平台对内容不加筛选、规范和有序引导，就会逐渐丧失公信力，其有害内容对青少年用户造成的伤害更是不可估量。

为净化网络环境，规范平台运营，相关监管部门和行业协会近年来发布多部法律法规、审核细则。各个互联网平台也纷纷健全平台内容审核机制，以确保平台内容的合法性和规范性，同时充分认识到培养一批素质高、责任意识强的信息审核人员，已经成为互联网行业持续繁荣和企业快速发展的迫切需要。作为全媒体时代的信息审核人才，其知识储备、操作技能、视野格局、道德规范均十分重要。

全媒体信息审核是安全领域的关键一环，对审核人员的专业要求和品德要求均较为严格。因此，国家新闻出版广电总局在全国各地开展了网络视听节目审核员培训活动，培训活动中通常邀请相关领域的专家围绕网络视听节目内容审核常见问题，结合当前网络视听节目的发展情况，对国家的相关法律法规、审核的规范要求、审核技巧和流程等进行讲解。参加审核培训活动后考试合格者由中国网络视听节目服务协会颁发网络视听节目审核员培训证书。

二、全媒体信息审核的技术要求

（一）技术审核的意义

传统的信息审核较为依赖人工审核，由审核人员对相关信息逐条进行分析和甄别。随着科技的进步，全媒体发展十分迅猛，全媒体时代需要审核的信息是海量的，如果只靠人工审核，审核效率和准确率都难以得到充分保证。在数字媒体迅速发展的今天，网络信息的发布环境日益复杂，内容良莠不齐。同时，自媒体时代的到来带来了爆发式增长的信息体量和种类，信息生产、传播的方式发生巨大改变，传统的信息审核、监管方式耗费的资源大幅增长，当然科技的发展也为网络信息的审核提供了技术层面的助力。

随着人工智能技术的不断成熟，语言处理、图像识别、声纹识别等技术已可成熟地应用于大部分数字媒体领域。人工智能技术的引入能够较好地实现信息审核形式的变革，更好地实现对互联网内容的实时审核，无论是审核效率还是审核精度，都将得到极大提升。运用大数据分析、人工智能技术对数字信息审核、过滤方式进行革新，将高科技与传统审核制度进行融合，将人力密集、脑力密集向创新密集、技术密集转型升级，是全媒体时代信息审核的必然发展趋势。

（二）技术审核的主要特点

审核技术主要包括基于全产品线海量数据训练的神经网络视频理解模型、人脸识别模型和针对黄色暴力文本强化的 OCR 技术等，尤其是在短视频审核、直播审核中，技术或者机器审核非常重要，能够有效地提高审核效率，保障平台运营秩序和安全。

常见的机器审核模型大致分为四大类：视觉模型、文本模型、音频模型和风险特征模型。"机器"是多种审核模型的泛指与代称，模型实际上是一个拟合函数，通过用户特征、内容特征等信息，推断出某个内容违规的概率，并把违规概率超过定值的"疑似违规用户或信息"推送给人工审核员，由审核人员进行进一步的判定。

视觉模型可精准识别出视频中出现的违规人物，如反动人物和未成年人，一些违规场景，如色情、低俗场景，以及一些违规的文本和图案，如色情文本、反动或恐怖组织的标志。文本模型一般是针对不同的文本内容审核场景，优化后的神经网络 NLP 模型能够精准、高效地拦截违规文本，如含有色情、低俗内容的评论或发言。音频模型主要表现为语音识别模型，在网络直播类节目中适用性较强，该类模型主要对语言内容进行文字转写，将文字转写结果与违规敏感词表进行匹配，对命中词表的内容进行进一步的严格审核。风险特征模型则是结合视觉、文本、音频、用户、评论等特征综合判定内容风险，能够对风险账号进行预估，有针对性地对高危用户进行审核。

此外，随着人工智能的不断发展，大数据分析技术日益成熟，通过数据比对、数据分析等信息化手段，可以大大提高审查（调查）的精准度和工作效能。

除了运用技术对信息发布者和内容进行过滤之外，目前的技术应用规范还包括了各网络平台未成年人模式、防沉迷系统及家长监护系统的设立，能够更为有效地防止未成年人沉迷于短视频及不良网络活动等。

总而言之，不同信息载体的过滤技术已被成熟地运用在网站、广告、新闻、电商、直播、社交、游戏、视频、微博、微信等领域和传播渠道，应用智能审核技术手段进行内容把控，可以为人工审核提供帮助和辅助，极大地减少了人工审核的工作量，提高了工作效率。但无论智能审核技术如何发达，人工审核始终是不可替代的。

第四节　全媒体信息审核的精益管理

一、严把作品的主流价值观

习近平总书记强调：中国特色社会主义进入新时代，必须把统一思想、凝聚力量作为宣传思想工作的中心环节，要建设具有强大凝聚力和引领力的社会主义意识形态。互联网日益成为意识形态斗争的主阵地，网络视听已经成为网民活跃度最高的宣传文化新空间。网络视听生产传播的是影响人思想的精神产品，影响越大，责任越大。网络视听业界必须深化思想认识、提高政治站位，坚持从政治的、全局的、战略的高度审视行业发展，自觉把个体发展融入党和国家事业大局中，牢牢把握正确政治方向、舆论导向、价值取向，肩负起应尽的责任。

在网络信息的审核中要强化政治责任，始终旗帜鲜明讲政治，铸牢"四个意识"，坚定"四个自信"，做到"两个维护"，把党的领导体现到网络视听各领域、各环节。要加强网上正面宣传，突出思想引领，持续开展"首页、首屏、首条"建设，用习近平新时代中国特色社会主义思想和党的十九大精神团结、凝聚亿万网民。要发挥视听特色，常态化聚合传播党的声音，构建网上网下同心圆，使网络视听成为党开展宣传思想工作的重要增量，巩固全党全国人民团结奋斗的共同思想基础。

网络视听节目创作者要多到火热生活的现实中挖掘素材、提炼主题、汲取养料，生动鲜活展示新时代人民群众追梦筑梦圆梦的多彩画卷。要以创作生产优秀作品为中心环节，以过硬品质吸引人、赢得口碑、让群众满意。节目制作机构、网络视听平台、专网平台、移动视频客户端、视频上传用户、传输运营商要共同努力，使电视上、电脑上、手机上传播的每一部网络剧、网络电影、纪录片、少儿节目、网络综艺节目、短视频节目，都能蕴含社会主义核心价值观的闪亮元素。

习近平总书记强调，网络空间是亿万民众共同的精神家园，网络空间天朗气清、生态良好，符合人民利益。维护清朗的网络视听空间，是大家共同的责任。政府、企事业单位、从业者、网民要各负其责、共同参与、共同管理、综合治网、形成合力。

（一）坚持与时代同步

新时代呼唤着杰出的文学家、艺术家、理论家，文艺创作、学术创新拥有无比广阔的空间。要坚定文化自信，把握时代脉搏，聆听时代声音，承担记录新时代、书写新时代、讴歌新时代的使命，勇于回答时代课题，从当代中国的伟大创造中发现创作的主题、捕捉创新的灵感，深刻反映这个时代的历史巨变，描绘这个时代的精神图谱，为时代画像、为时代立传、为时代明德。

（二）坚持以人民为中心

人民是创作的源头活水，只有扎根人民，创作才能获得取之不尽、用之不竭的源泉。文化文艺工作者要跳出"身边的小小的悲欢"，走进实践深处，关照人民生活，表达人民心声。

（三）坚持以精品奉献人民

原创性是好作品的标志，文艺创作要以扎根本土、深植时代为基础，在观念和手段的结合上、内容和形式的融合上进行深度创新，提高作品的精神高度、文化内涵、艺术价值。增强"脚力、眼力、脑力、笔力"也是创作精品力作的前提和基础。除了天赋以外，确实要去积累、去挖掘，很多事情都是在细节，演电影、写小说都是细节，细节感人，细节要真实，而真实要去挖掘。

（四）坚持用明德引领风尚

文化文艺工作者肩负着启迪思想、陶冶情操、温润心灵的重要职责，承担着以文化人、以文育人、以文培元的使命。提高社会影响力，理应以高远志向、良好品德、高尚情操为社会做出表率。

二、了解全媒体技术市场

（一）技术应用在审核中的作用较为突出

人类的感知能力促进了万物之间的联系，让万物能够被人类所掌握、所利用。全媒体时代，人类对外部世界的认知日益进入到依靠机器采集的数据和由感官感知所生成的信息的融合阶段。各类信息的传播和交融，依靠的是用各种传感器把各种数据汇集起来，人工智能可以依托个性化匹配和精准推荐进行信息的精准发送。

全媒体传播体系的功能主要体现在三个方面：一是主流舆论阵地；二是综合服务平台；三是社区信息枢纽。全媒体传播体系建设过程中，其三大功能的实现都必须由技术引领和驱动。

"四全"媒体内在技术逻辑的基本点就是信息技术的应用从数字化向数据化发展。推动中国经济社会发展的是数据化，只有打通各行业的数据，才能使整个社会运营水平有更大的提升。全媒体传播体系的三大功能，都需要特定的技术应用来实现。

技术应用不仅对全媒体本身的发展十分重要，其对于信息审核的作用也非常关键，特别是对于海量信息中的关键词、敏感词的识别和抓取而言，技术应用所起的作用不可替代。目前网络信息内容审核中，人工智能技术在自然语言处理、图像识别、声纹识别等方面越来越多地得到了运用，市面上也推出了较为多样化的信息审核程序。运用人工智能进行信息审核的过程中，通常需要依据一定的算法设定相应的审核规则，同时进行相应的审核松紧度、审核标签等的设定，可以自定义用户黑白名单，由机器依据设定的规则对各类信息进行图像、文本、语音、视频审核。

技术应用设定的算法把关机制不仅可以针对用户本身进行把关，还可以对最重要也最容易出现问题的平台内容审核进行把关。因为平台作为传播媒介，不仅要聚合各种新闻和网络资源，更重要的是要承担起应该承担的社会责任，在满足受众的个性化需求的同时营造绿色安全的网络信息环境。内容审核阶段主要是对低质内容的过滤。智能内容审核系统的算法逻辑是对用户进行相似偏好归类，然后根据不同的归类标签进行内容推送，随着使用人群的增多和标记信息的日益完善，智能内容审核极大地提高了审核效率，也能更好地针对用户的个性化需要提升其满足感。算法的把关行为在很大程度上取代了传统媒体编辑的把关行为。

目前这种类似算法学习模式加速了内容审核的智能化趋势，当然，人工智能技术主要依赖深度学习算法，其本身并不具备演绎推理能力。对于各形态大量边界不明确的内容，人工智能还无法对其合规性做出判断，仍然必须依赖人工研判。

（二）加强针对未成年人的技术保护应用

要在互联网环境下较好地对未成年人提供保护，网络信息审核十分重要，而打造一个内容健康、种类丰富的青少年专属内容池也离不开普通模式下的内容池建设，故此普通模式下的不良信息过滤就变得非常重要。信息过滤技术主要是对不良信息进行有效拦截或者屏蔽。使用该技术手段，可以最大限度从信息端降低不良信息对未成年人的影响，即从出口端过滤不良内容，达到禁止或限制访问特定内容的目的。

2019年，中央网信办推进部分平台上线"青少年模式"（图2-3），之后人民网记者选取了十款涉及互联网直播、视频播放、游戏、社交等内容形式的App进行实测，结果发现，各平台均已上线"青少年模式"或针对未成年人设置了使用门槛（图2-4）。

图2-3　青少年模式

除信息过滤外,"青少年模式"还应从控制时长入手,如抖音、快手在青少年模式下,晚上10时至凌晨6时被禁止使用,单日浏览量超过40分钟也需输入密码才能继续使用,并且不能使用私信聊天、直播、充值、打赏、提现等功能。此外,各类App在退出或取消设置"青少年模式"时,方式方法也不相同。部分App只需要输入账户设置"青少年模式"时的密码就可轻松退出,或者通过点击"忘记密码"进行手机短信验证,即可退出操作。

图2-4 B站的青少年模式设置

早在2005年,中国有关部门就提出了建设网络游戏防沉迷系统,旨在解决未成年人沉迷网络游戏的现状。2005年6月起,新闻出版总署(现国家新闻出版署)在广泛征求意见的基础上,制定了《网络游戏防沉迷系统开发标准》和《网络游戏防沉迷系统实名认证方案》。

2007年4月15日起,网络游戏防沉迷系统在全国推行,7月16日全面实施。2021年6月1日起,新修订的《中华人民共和国未成年人保护法》正式施行,开启未成年人网络保护的新篇章。

2021年,国家新闻出版署印发《关于进一步严格管理切实防止未成年人沉迷网络游戏的通知》,要求所有网络游戏企业仅可在周五、周六、周日和法定节假日每日的20时至21时向未成年人提供1小时网络游戏服务。

三、加强版权保护行业发展的规范化

《中华人民共和国著作权法》对著作权进行了保护性规定，其中第十条列举了17种基本权利："发表权、署名权、修改权、保护作品完整权、复制权、发行权、出租权、展览权、表演权、放映权、广播权、信息网络传播权、摄制权、改编权、翻译权、汇编权、其他权利。"国务院专门颁发了《信息网络传播权保护条例》，对版权在互联网领域的规范性保护提供了更为细致的规则。

随着互联网技术的快速发展，网络版权保护显得越来越重要，其中所浮现出来的问题也越来越多。由于互联网数据采集技术可以在短时间获取大量的信息，网络作品被非法复制与盗用的技术门槛很低，且信息传播渠道及方式的改变容易产生较为巨大的利益空间，这就导致了网络侵权事件的频发。

互联网平台应该对网络视听节目所涉及的版权保护问题予以高度重视，平台发布的所有信息，不论为何种形式，都是在平台上公开传播的，在缺乏版权授权的情形下极易形成侵权。不管是基于对国家法律的遵守，还是基于互联网平台自身健康持久发展的需求，或者是基于对公众版权保护意识的正确引导和示范，在全媒体时代进行信息审核时，版权审核应是不容松懈的一个环节。只有建立全行业的规范化版权保护，才能让互联网信息有一个健康的传播环境。

四、推动全媒体信息审核人工与智能化结合的精益管理

要更好地提升信息审核的效率，人机结合进行审核毫无疑问具有较好的效果。智能化的平台审核中，算法是把关的关键，算法根据不同的逻辑进行内容抓取、内容审核、内容推送，极大地提高了信息审核的效率和精准程度。智能化信息审核的过程中，不同的敏感词会精准匹配到相应的板块，按照相应的规则进行审核，涉及违规内容自然会被过滤，如果内容违法，将面临较为严重的处罚。

针对图、文、音、视多种类型的内容运用技术手段进行智能审核和内容把控的安全机制，是人工研判的重要辅助工具，可以提高信息监管和处置效率。为了整治信息乱象、规范平台运营，相关监管部门和行业协会近年来发布多部

法律法规、审核细则。这些政策法规的出台有助于划清行业底线,而对于信息审核而言,必须要对各类规范进行较为细化的解读,从而更好地理解政策、指导工作。因此在目前以及未来很长一段时间内,人工智能技术在全媒体时代的作用毋庸置疑,但对于信息审核,技术并不能替代人工在内容风险防控中的作用。

思考题

一、全媒体信息审核的导向要素有哪些?

二、全媒体信息审核的内容要素有哪些?

三、全媒体信息审核的职能主要有哪些?

四、要更好地实现全媒体信息审核的精益管理,需要注意哪些方面的问题?

五、如何理解互联网上未成年人保护的技术应用?

第三章　全媒体信息审核制度的建立与意义

【目标】

通过本章的学习，学生应了解传统媒体信息审核流程与规范；理解网络新媒体时代审核的规范要求，理解建立全媒体信息审核制度的意义。

第一节　全媒体信息审核制度的建立

一、传统媒体信息审核流程与规范

传统媒体时代，国家已经建立了一套相对稳定和成熟的审核流程及规范。针对图书、报纸、期刊建立的有"三审三校"制度、总编辑负责制等；针对各种传统媒体平台的构建建立的有行业的准入许可制度；针对传统媒体的信息发布有明确的审核要求，例如电视台新闻节目的发布，电视台各类电视剧、节目的播出，电影的发行等都有对应的审核流程和规范。

二、网络新媒体时期审核的规范要求

相对于传统媒体而言，网络新媒体的发展非常迅速，信息载入量极大、传播速度极快、类型和内容均十分多样化，这使得传统的媒体信息审核制度难以适应新时期的审核要求。因此，有必要在传统媒体信息审核制度的基础上，建

立更具有针对性和适应性的审核流程和规范。而新的规范的建立不论是对监管者还是网络平台而言，都需要一个不断完善的过程。

在网络新媒体，特别是自媒体迅速发展这一背景下，依据宪法和有关法律法规的规定，网信办和国家广电总局等部门发布了较为系统的信息审核规范。

第二节　全媒体信息审核制度的意义

习近平总书记在党的十九大报告中指出："加强互联网内容建设，建立网络综合治理体系，营造清朗的网络空间。"互联网能够给大家带来更为丰富的信息交流，但是互联网并不是一个真空的环境，仍然存在潜在的非法信息传播的风险。无论国内还是国外，在网络视听节目中均存在大量的低俗信息，典型的如淫秽色情内容、极端暴力血腥内容、传播恐怖主义思想等。因此网络信息审核在国内外均受到高度重视，各网络平台均建立了系统的规范要求，组建了审核队伍，建立了适应平台特点和法律规范要求的审核机制。

一、传递社会正能量，引领文化发展方向

网络视听节目服务从表面来看主要涉及的是文化娱乐服务，但不管何种形式、何种类型的网络视听节目，均承载有一定的思想内涵、价值观念、道德意识等。事实上，网络视听节目服务的监管和审核方向将代表主流价值取向和文化追求。网络视听节目服务机构应积极培育和践行社会主义核心价值观，坚持正确的政治方向，围绕中心，服务大局，努力传播体现当代中国价值观念、体现中华文化精神、反映中国人审美追求，思想性、艺术性、观赏性有机统一的优秀作品。

严格规范的信息审核能够确保网络上传播的信息符合国家政治导向、价值导向、审美导向，能够更好地传递社会正能量，引领文化发展的方向。

二、建立有效监督机制，构建有序的行业发展环境

全媒体信息服务是近些年发展起来的新型信息传播服务方式。传统媒体领域中电影、电视剧、综艺节目等的播放都有着严格的审查制度。《中华人民共和国电影管理条例》对电影制作需要遵循的规则有较为细致的规定，而《广播电视管理条例》对电视剧和综艺类节目也有着具体的审核标准。

电影、电视剧往往在剧本阶段就已经备案，进入审查程序，其最终成品必须取得相应的许可证后方可播放。无论是传统信息服务节目，还是新型信息服务节目，要想取得巨大的经济收益，带动行业繁荣发展，都需要建立有效的监督和审核机制。

只有建立和细化全媒体信息监督和审核制度，才能为互联网领域的信息传播发展建立良性的规则体系，为全媒体的发展构建有序的网络服务环境，进而推进行业健康发展。

三、保障全媒体内容安全，减少违法犯罪行为的发生

互联网虽然是虚拟世界，但依托于互联网的全媒体活动不能成为监管空白地带。由于全媒体具有灵活性、多样性、便捷性的特点，其内容往往鱼龙混杂，涉及低俗、黄色、暴力等因素的较多。网络人群中青少年往往占比较高，而青少年正处于建立三观的阶段，不健康的节目内容极易对其造成影响，甚至诱发青少年犯罪。

随着网络的普及和社会的发展，大量的个人信息在网上传播，利用网络进行各类型诈骗、利用网络进行不正当言论的传播等情形均有所增加，这将对国家安全、社会安全、个人安全带来极为不利的影响。积极建立监管审核制度，保障全媒体信息内容的安全，不仅利于对未成年人的保护，也能最大程度减少犯罪的发生，对社会的安宁，甚至国家统一、民族团结均有重大意义。

2021年1月29日，我国银保监会开出了2021年第一张罚单：中国农业银行因涉及重要信息系统突发事件未报告、数据安全管理粗放存在数据泄露风险、互联网门户网站泄露敏感信息等六项问题，被罚420万元人民币。

2021年5月,上海市徐汇区法院判决上海益采信息技术有限公司创始人李某构成非法获取计算机信息系统数据罪,主要理由为:该公司未经淘宝(中国)软件有限公司授权许可,由被告人李某决策通过非法手段获取淘宝直播数据,并通过益采公司开发的"优大人"小程序出售牟利。在李某的授意下,益采公司部门负责人王某、高某等人分工合作,以使用IP代理、"x-sign"签名算法等手段突破、绕开淘宝公司的防护机制,再通过数据抓取程序(俗称"爬虫")大量抓取淘宝公司存储的各主播在淘宝直播时的开播地址、销售额、观看PV、UV等数据。

总体上,中国的全媒体行业要实现产业良好发展、引领网络文化事业、拓展国际市场的目标,就必须有良好的制度规范做保障。

思考题

一、如何理解网络信息审核建立的必要性?

二、与传统媒体信息审核相比,网络新媒体时期的信息审核有何特殊性?

三、如何理解建立全媒体信息审核制度的意义?

第四章　全媒体信息审核员的作用与要求

【目标】

通过本章的学习，学生应了解全媒体信息审核员的岗位职责及价值体现；理解全媒体信息审核的一般流程，理解全媒体信息审核员的培训与提升要求；掌握全媒体信息审核员的专业素质要求和职业道德规范。

第一节　全媒体信息审核员的作用

依据《网络视听节目内容审核通则》的要求，互联网视听节目服务相关单位应建立内容播前审核制度、审核意见留存制度及工作程序，配备与业务发展需要相适应的审核员，及相应的审看设施。也就是说，互联网视听节目服务相关单位播出的网络视听节目，必须经过审核员审核认定。

国际社会对网络视听节目的内容审核也十分重视，早在2017年，国外某视频网站就雇用了超过一万名内容审核员对视频进行审核，并且于当年下架了15万余部有关儿童猥亵的视频。而国外某知名社交平台的外包网络审核员也一度达到了7500名，主要工作是结合国际局势的变化对仇恨性和歧视性言论进行针对性审核。这说明对信息进行严格审核是全球全媒体行业的基本要求，也是全媒体发展的必然要求。

2020年6月，受人社部委托，中国就业培训技术指导中心面向社会公布了10个拟新增职业、8个拟新增工种，在"网络与信息安全管理员"职业下拟增设"互联网信息审核员"工种，凸显了信息审核员的重要性。作为全媒体信息审核员，应该紧跟中国特色社会主义新时代的前进步伐，明确自己肩负的职责，不断提升自己的素质，为我国文化事业及文化产业的健康发展，为净化我国网络环境做出应有的贡献。

一、审核员的岗位职责

（一）保护网络视听网站的信息安全

信息审核员是互联网信息安全的维护者，对于可能威胁到互联网网站和用户安全的情形，应该了解和熟悉。特别是在当前电信诈骗较为猖獗的情形下，对于网站上用户发布的可能携带病毒的链接与信息，特别是容易诱导用户点击从而泄露账号信息、隐私信息的，信息审核员一旦发现应予以高度的关注，积极上报相应的管理部门，以便及时处理。

当然，对于网络上传播的影响国家安全的信息更应该予以高度关注，进行严格的审核把关。

因此，优秀的信息审核员能够更好地为国家安全尽一份力，也能较好地保护网站的信息安全，还能更好地对用户信息安全进行保护。

（二）保护网络视听节目的内容安全

在全媒体时代，信息审核员不仅需要保护网站及用户的信息安全，更为重要的是参与网络视听节目内容的筛查和审查工作，虽然互联网网站已经建立了智能审核系统，但人工审核仍是不可替代的。审核员应客观、公正地对网络视听节目进行审核，对其是否可以发布、不可发布的原因及如何修改应该提出相应的建议和意见。

除了传统的黄赌毒、暴力血腥等不良因素需要监管以外，广电部门对网络视听节目的内容审核有更为细致和严格的规范和标准。全媒体时代的节目内容审核更为突出的是政治导向、价值导向、审美导向等导向要求，思想道德等意识形态问题是审核的重中之重。信息审核员必须紧跟形势变化，熟悉国家相关文件和要求的发展与变化，保持持续学习的习惯，只有这样，才能更好地应对网络视听节目审核的规范要求，才能较好地保障网络视听节目对受众进行积极引导，坚持正确导向，传递正能量，营造和谐的互联网环境。

二、审核员工作的一般流程

信息审核工作是整个网站（平台）质量的保证，是网站的生命线。例如，抖音、斗鱼、B站、淘宝、小红书等每天产生海量的交互信息，需要有专业的信息审核员进行专业的处理。

审核员审核节目时应完整审看包括片头片尾在内的全部内容，不得快进和遗漏，每部网络剧、微电影、网络电影、影视类动画片、纪录片应由不少于三人的审核员审核，每期（条）专业类网络视听节目应由不少于两人的审核员审核。

三、审核员价值体现

2020年人社部拟新增"互联网信息审核员"这一工种，是从国家层面对审核员工作的认同。近年来互联网围绕着听书、网络剧、短视频、直播迅速步入音视频时代，新的传播形态让问题信息更加隐蔽。网络信息审核员将网络上传播的低俗、不法信息过滤掉，起着类似于"网络清道夫"的作用，同时网络信息审核员也扮演着"安全守护者"的角色，在当前国际国内形势下，在保障网络内容安全、国家安全这个大背景下，审核员的工作具有相当的社会价值和使命意义。

互联网高速发展时代，每一个人都处在海量信息的包围中，人们在享受信息便捷带来的服务和消费体验升级的同时，大量未经核实的信息对国家安全、社会稳定、青少年健康都造成了不良影响。由于绝大多数人对信息的真伪难以辨识，高度依赖于互联网平台对内容的把关，因此信息审核工作就成为整个互联网平台质量的保证。

如果没有审核员的工作，互联网将会变成充斥着色情、暴力、血腥等内容的世界，大量的不良信息之所以不会出现在公众面前，是因为不良信息在被公众看到之前就被审核员们挡在了互联网世界的大门外。

第二节　全媒体信息审核员的要求

无论媒体平台如何发展，基于其受众和功能的影响，媒体都应是党和政府的"喉舌"。特别是在全媒体时代，"全程、全息、全员、全效"的特性使得对全媒体传播内容的审核更为关键，全媒体信息审核员肩负重要而光荣的使命，要做好"守护者""把关人"，就必须具备较高的专业素质和职业道德。

一、审核员的专业素质要求

作为审核员，应该注意与时俱进，具备主动学习的能力。网络及全媒体技术的发展速度飞快，信息审核员应该坚持不断学习、主动学习，以掌握与审核工作相关的新知识、新技能。在审核工作过程中，要积极了解审核平台的技术操作要求，要注意学习相关法律法规，要熟悉广电总局发布的各项审核要求及规则。基于导向要求，审核员要保持高度的政治警觉性，遵守我国宪法、法律及行政法规，坚持马克思主义新闻观，坚持社会主义核心价值观；积极主动参加国家政府部门组织的各类技术、知识、法规培训活动，做到不断进步，适应时代发展条件下的网络信息审核的要求。

第一，信息审核员自身要具备正确的价值观，要具备较高的思想站位，有广阔的视野格局。信息审核员处于与大量有害信息博弈的第一线，必须具备辨别有害信息的综合能力。作为网络安全的守护者，审核员就是信息的把关人，因此对各类信息内容的审核绝不能以个人好恶为出发点，也不能以个人的接受度作为标准，必须从国家、社会和网民的角度，对信息的有害程度进行判断。这就要求审核员必须保持理性，有足够的思想高度、足够的格局和眼界，对法律法规、国家政策背后的导向能够充分认识、理解和运用。

第二，要具备对审核规范的理解能力，同时不断优化和提升实操技能。国家发布的审核规则往往是较为精练和概括的，在实际的审核工作中，需要主动学习，充分理解政策精神的内涵，将其转化为更细化的、可以直接指导实操的尺度规则。而且，国家发布的审核规则往往是与时俱进的，技术审核系统也在不断发展中，信息审核员不能故步自封，需要通过不断的学习提升实操技能。

第三，要具备敏锐的感知能力。每天出现在互联网上的信息犹如沙滩上的细沙，数不胜数，对于容易引发社会公众高度关注和强烈反应的事件，要能够敏锐地进行判断和抓取，能够在技术手段辅助下进行大数据分析，对受众群体思想动态能够较为全面地予以掌握，从而对网络舆情做出预判，并能坚持正确的舆论导向，积极引导舆论。

第四，要有丰富的知识储备。网络传播的信息内容所涉及的领域极为广泛，从生活、娱乐文化到历史、经济、政治、军事，审核人员每天会接触各领域的信息，如果对历史事件、时政热点缺乏了解，就有可能在审核时出现疏忽，导致严重的工作事故。

二、审核员的职业道德规范

除了专业素质外，优秀的审核员还应具有高度责任心和团队意识。

（一）爱岗敬业

全媒体信息审核员是一个新兴职业，对于审核员的专业素质、学习能力要求较高。网络信息内容的审核主要依靠计算机进行，但网络平台24小时不间断地进行着信息传播，即使有技术手段的辅助，需要人工审核的信息仍然是海量的，审核员的工作压力可想而知。要成为一个合格的信息审核员，必须发自内心地热爱自己的工作，对审核工作的价值和意义有充分的理解和认同，应该具有较高的责任感。

（二）保密意识

审核员在工作过程中会接触到大量的网络信息，对自己工作中涉及的行业要求和技术尺度应该有较好的保密意识，特别是对于涉及国家安全、政治导向层面的规则和操作要求，应该时刻注意遵守行业纪律。

三、审核员职业技能的培训与提升

审核员对于维护网络安全、社会安全乃至国家安全都非常重要，要成为一名合格的审核员，必须要具备较高的专业素质和道德修养，因此信息审核员必须接受专业而系统的培训。

当前全媒体仍处于不断发展之中，许多网络平台明显存在信息审核人员数量不足、能力参差不齐的情况，因此加强审核员的专业培训，出台审核员从业标准和培训规范十分重要，同时，依托培训业务使业界各互联网企业之间建立良好的交流合作，围绕平台建设、标准制定、技术研发等多方面共同探索，为净化网络环境贡献力量。

国家和省级广播影视行政部门负责指导中国网络视听节目服务协会和省级网络视听节目行业协会工作，对网络剧、微电影等网络视听节目审核员开展培训和考核。具体培训内容和考核标准由中国网络视听节目服务协会在国家广播影视行政部门指导下统一制定。

网络剧、微电影等网络视听节目审核员需经过节目内容审核业务培训，考核合格后方可从事节目内容审核工作。广播电视播出机构从事节目审核工作的中级职称以上人员申请成为网络剧、微电影等网络视听节目审核员，可以免予培训考核。

思考题

一、如何理解审核员岗位职责？

二、审核员工作的一般流程有哪些？

三、如何理解审核员的价值？

四、全媒体信息时代，要成为一名合格的审核员，一般需要满足哪些方面的要求？

第五章 全媒体信息审核的国家规范与发展

【目标】

通过本章的学习，学生应了解全媒体信息审核规范的发展背景；充分理解网信办和国家广电总局发布的重要规范文件，尤其应熟悉2012年《关于进一步加强网络剧、微电影等网络视听节目管理的通知》、2017年《网络视听节目内容审核通则》、2019年和2021年《网络短视频内容审核标准细则》的具体要求；掌握全媒体时代信息审核的发展要求。

第一节 全媒体信息审核的国家规范

一、全媒体信息审核规范的发展背景

随着网络视听产业急速发展，各种衍生问题不断出现，各种监管政策也不断出台。目前蓬勃、健康发展的网络视听产业不仅是行业遵从规律自身发展的结果，也是政府从规范制度层面进行引导的结果。我国网络视听行业形成了以国家广电总局为主导，以文化和旅游部、网信办、版权局等为合作发布部门，以中国网络视听节目服务协会、中国广播电视社会组织联合会等行业协会为补充的广电主导、多部协管、行业共管格局。

在2004年左右，乐视网、56网、优酷网、土豆网等最早一批专业视频网站先后建立，我国的网络视听产业开始起步。与之相伴的是国家广播电影电视总局出台了《互联网等信息网络传播视听节目管理办法》，这项政策重点在

于规范网络视听市场的准入机制,以形成一个健康的网络视听市场竞争秩序。2009年,我国大力推动三网融合建设,互联网技术和移动通信技术逐渐应用到视听市场,由此网络视听节目进入蓬勃发展阶段。

随着网络视听业务的不断丰富,2010年国家广电总局发布了《互联网视听节目服务业务分类目录(试行)》,以进一步规范网络视听市场传播秩序。随着互联网企业的发展壮大和网络用户规模的扩大,网络视听节目的社会影响力不断提升。而网络视听市场的竞争越来越激烈,导致不少视听网站采取各种不良手段进行"吸粉",网络视听节目的问题频发。网络视听节目不应只重视经济效益,还应强调社会责任,网络视听节目应该弘扬社会主旋律,传递社会正能量。

2011年,中国网络视听节目服务协会成立,该协会旨在对网络视听行业进行自律引导。由此,政府规范制度与行业自律规范相结合成为网络视听节目监管的主要形式。《关于进一步加强网络剧、微电影等网络视听节目管理的通知》《关于进一步加快广播电视媒体与新兴媒体融合发展的意见》《网络视听节目内容审核通则》《网络综艺节目内容审核标准细则》等政策和规范相继出台,对网络视听节目的管理规范和处罚规定逐步得到完善。

二、全媒体信息审核的主要规范

(一)网络视听节目管理的相关法律、法规

2017年6月,我国颁布并实施《中华人民共和国网络安全法》,将现行有效的网络安全监管制度法律化,对网信部门、国家广电部门等相关网络监管部门的职责进行了明确,构建了系统的网络安全监管体制。

2000年9月20日,中华人民共和国国务院第31次常务会议通过《互联网信息服务管理办法》,2000年9月25日公布施行,2011年1月对该管理办法进行了修订。2021年,就《互联网信息服务管理办法(修订草案征求意见稿)》公开征求意见,并依据《中华人民共和国国家安全法》《中华人民共和国网络安全法》《中华人民共和国数据安全法》等法律法规,国家网信办会同

有关部门制定了《网络安全审查办法》。

网信办、文化部（现文化和旅游部）、国家广电总局也相继颁布了十余个文件，对网络安全、网络视听节目内容审核等建立了更为详细和明确的规则，为网络视听节目内容的审核提供了严谨的审核依据和统一的审核标准。

2019年12月15日，国家网信办发布《网络信息内容生态治理规定》。该规定定义了网络信息内容生产者（生产）、网络信息内容服务平台（管理）、网络信息内容服务使用者（使用）三类主体。该规定鼓励网络信息内容生产者制作、复制、发布含有下列内容的信息：

（1）宣传习近平新时代中国特色社会主义思想，全面准确生动解读中国特色社会主义道路、理论、制度、文化的；

（2）宣传党的理论路线方针政策和中央重大决策部署的；

（3）展示经济社会发展亮点，反映人民群众伟大奋斗和火热生活的；

（4）弘扬社会主义核心价值观，宣传优秀道德文化和时代精神，充分展现中华民族昂扬向上精神风貌的；

（5）有效回应社会关切，解疑释惑，析事明理，有助于引导群众形成共识的；

（6）有助于提高中华文化国际影响力，向世界展现真实立体全面的中国的；

（7）其他讲品位讲格调讲责任、讴歌真善美、促进团结稳定等的内容。

网络信息内容生产者不得制作、复制、发布含有下列内容的违法信息：

（1）反对宪法所确定的基本原则的；

（2）危害国家安全，泄露国家秘密，颠覆国家政权，破坏国家统一的；

（3）损害国家荣誉和利益的；

（4）歪曲、丑化、亵渎、否定英雄烈士事迹和精神，以侮辱、诽谤或者其他方式侵害英雄烈士的姓名、肖像、名誉、荣誉的；

（5）宣扬恐怖主义、极端主义或者煽动实施恐怖活动、极端主义活动的；

（6）煽动民族仇恨、民族歧视，破坏民族团结的；

（7）破坏国家宗教政策，宣扬邪教和封建迷信的；

（8）散布谣言，扰乱经济秩序和社会秩序的；

（9）散布淫秽、色情、赌博、暴力、凶杀、恐怖或者教唆犯罪的；

（10）侮辱或者诽谤他人，侵害他人名誉、隐私和其他合法权益的；

（11）法律、行政法规禁止的其他内容。

网络信息内容生产者应当采取措施，防范和抵制制作、复制、发布含有下列内容的不良信息：

（1）使用夸张标题，内容与标题严重不符的；

（2）炒作绯闻、丑闻、劣迹等的；

（3）不当评述自然灾害、重大事故等灾难的；

（4）带有性暗示、性挑逗等易使人产生性联想的；

（5）展现血腥、惊悚、残忍等致人身心不适的；

（6）煽动人群歧视、地域歧视等的；

（7）宣扬低俗、庸俗、媚俗内容的；

（8）可能引发未成年人模仿不安全行为和违反社会公德行为、诱导未成年人不良嗜好等的；

（9）其他对网络生态造成不良影响的内容。

该规定第八条明确指出，"网络信息内容服务平台应当履行信息内容管理主体责任"。对于如何落实管理责任，该规定也提出了明确要求。

第九条规定：网络信息内容服务平台应当建立网络信息内容生态治理机制，制定本平台网络信息内容生态治理细则，健全用户注册、账号管理、信息发布审核、跟帖评论审核、版面页面生态管理、实时巡查、应急处置和网络谣言、黑色产业链信息处置等制度。

网络信息内容服务平台应当设立网络信息内容生态治理负责人，配备与业务范围和服务规模相适应的专业人员，加强培训考核，提升从业人员素质。

第十条规定：网络信息内容服务平台应当加强信息内容的管理，发现本规定第六条、第七条规定的信息的，应当依法立即采取处置措施，保存有关记录，并向有关主管部门报告。

2021年9月15日，国家网信办发布了《关于进一步压实网站平台信息内容管理主体责任的意见》，该意见指出了十项重点任务：把握主体责任内涵、完善平台社区规则、加强账号规范管理、健全内容审核机制、提升信息内容质量、规范信息内容传播、加强重点功能管理、坚持依法合规经营、严格未成年人网络保护、加强人员队伍建设。其中，为了加强账号规范管理，要求平台制定账号规范管理实施细则，加强账号运行监管，有效规制账号行为，加大违法违规账号处置力度，建立黑名单账号数据库，全面清理"僵尸号""空壳号"。在未成年人网络保护方面，要求平台加大投入，开发升级未成年人防沉迷、青少年模式等管理系统，提供适合未成年人的优质内容，保障未成年人健康科学用网。

（二）国家广电总局关于网络视听节目管理的相关规定

2012年，国家广播电影电视总局、国家互联网信息办公室发布第53号文件《关于进一步加强网络剧、微电影等网络视听节目管理的通知》。该通知从网络剧、微电影等网络视听节目播出机构准入管理、内容审核、审核队伍建设、监管、退出机制等多方面进行了规则的细化和强化，为网络视听节目的审核建立了基础规范。

此后，国家针对性发布了相应的工作管理通知：《关于开展网络剧、微电影等网络视听节目信息备案工作的通知》（网发字〔2012〕463号）、《关于进一步完善网络剧、微电影等网络视听节目管理的补充通知》（新广电发〔2014〕2号）、《关于加强网络视听节目直播服务管理有关问题的通知》（新广电发〔2016〕172号）、《关于加强微博、微信等网络社交平台传播视听节目管理的通知》（新广电发〔2016〕196号）等。

2016年，国家新闻出版广电总局认识到网络信息具有数量庞大、内容庞杂、影响力参差不齐的特点，开始致力于对重点网络视听节目的监管，出台了《关于进一步加强网络原创视听节目规划建设和管理的通知》。

2017年6月，国家新闻出版广电总局下发了《关于进一步加强网络视听节目创作播出管理的通知》，尤其强调网络视听节目与广播电视节目的管理应该保持一致，政治导向、价值导向和审美导向均应该严格审核和把控。此后，国家广电总局发布各类通知如下：2018年发布了第60号文件《国家广播电视总局关于进一步加强广播电视和网络视听文艺节目管理的通知》，2018年发布了第158号文件《国家广播电视总局办公厅关于网络视听节目信息备案系统升级的通知》。

2019年11月，国家网信办、文化和旅游部、国家广电总局三部门联合印发了《网络音视频信息服务管理规定》，于2020年开始正式施行。该规定对之前已经发布的《互联网信息服务管理办法》《互联网新闻信息服务管理规定》《互联网文化管理暂行规定》《互联网视听节目服务管理规定》等法律法规做出了相应的补充和衔接。该规定首次明确了管理对象，界定了"网络音视频信息服务"的含义，明确其包括网络音频、网络直播、短视频、网络影视剧等所有形式的网络音视频制作、发布、传播等服务。

2020年国家广电总局发布第10号文件：《国家广播电视总局关于进一步加强电视剧网络剧创作生产管理有关工作的通知》。

（三）网络视听节目管理的行业规范性文件

在系列法律法规的基础上，我国目前对网络视听节目的监督及审核初步形成了制度体系。

2011年8月19日，中国网络视听节目服务协会成立，该协会是网络视听领域唯一的国家级行业组织，是我国互联网领域规模最大的行业协会之一。协会现有会员单位700余家，包括中央广播电视总台、湖南电视台、浙江电视台等广电播出机构，人民网、新华网、中国网、咪咕文化等主流新媒体机构，阿里巴巴、腾讯、百度等互联网企业，优酷、爱奇艺、搜狐视频、bilibili等视听节目服务机构，中影、慈文、正午阳光等影视节目制作公司以及华为、中兴等网络技术公司，涵盖了网络视听行业全产业链。针对网络视听节目审核，中国网络视听节目服务协会出台了一系列规范性文件。

2017年6月30日，中国网络视听节目服务协会审议通过了《网络视听节目内容审核通则》。2019年在总局指导下，中国网络视听节目服务协会联合国内主要视频网站，制定了《网络短视频平台管理规范》和《网络短视频内容审核标准细则》（即100条）。2020年2月，推出了《网络综艺节目内容审核标准细则》。

2021年底，中国网络视听节目服务协会推出了2021年版《网络短视频内容审核标准细则》，该协会指出，2021年版《网络短视频内容审核标准细则》的出台将进一步提高短视频平台对网络视听节目的基础把关能力和水平，促使平台当好内容"守门人"，清朗网络视听空间。

同时，各网络平台也按照国家和行业管理要求，结合自身平台运营的特点建立了平台的信息审核规范。

当前，我国在网络视听节目服务监管及审核方面的各项制度逐步完善。除了具有可操作性的100条审核细则以外，对网络音视频信息服务提供者的资质也做了明确要求。对于网络视听节目服务平台，从用户注册到内容审核，再到应急处理和版权保护，都将形成一整套的监管体系和行业规范。

（四）国家互联网用户账号信息管理的相关规定

2022年6月27日，国家互联网信息办公室发布《互联网用户账号信息管理规定》（以下简称《规定》），自2022年8月1日起施行。

1.《规定》出台的背景

国家互联网信息办公室有关负责人表示，出台《规定》旨在加强对互联网用户账号信息的管理，互联网用户账号信息管理需要政府、企业、网民等多方主体共同参与，弘扬社会主义核心价值观，维护国家安全和社会公共利益，保护公民、法人和其他组织的合法权益，促进互联网信息服务健康发展，营造更加清朗的网络空间。

互联网用户账号信息体现用户的个性特征，是用户展示自我的重要载体。随着互联网信息服务飞速发展，通过注册、使用账号信息，编造传播虚假信息、实施网络暴力等行为时有发生，危害国家安全和社会公共利益，侵犯公民、法人和其他组织的合法权益。

网络空间是亿万民众共同的精神家园，制定《规定》是为了落实《中华人民共和国网络安全法》《中华人民共和国个人信息保护法》等法律法规的规定，完善网络信息安全和个人信息保护制度，进一步划定互联网用户注册、使用和互联网信息服务提供者管理账号信息底线、红线，明确责任义务，维护网络空间良好生态。

2.《规定》的适用范围与法律责任

《规定》明确：互联网用户在中华人民共和国境内的互联网信息服务提供者注册、使用互联网用户账号信息及其管理工作，适用该规定。法律、行政法规另有规定的，依照其规定。

《规定》指出：网信部门会同有关主管部门，建立健全信息共享、会商通报、联合执法、案件督办等工作机制，协同开展互联网用户账号信息监督管理工作。网信部门依法对互联网信息服务提供者管理互联网用户注册、使用账号信息情况实施监督检查。互联网信息服务提供者应当予以配合，并提供必要的技术、数据等支持和协助。发现互联网信息服务提供者存在较大网络信息安全风险的，省级以上网信部门可以要求其采取暂停信息更新、用户账号注册或者其他相关服务等措施。互联网信息服务提供者应当按照要求采取措施，进行整改，消除隐患。

对于违反《规定》的互联网信息服务提供者，依照有关法律、行政法规的规定处罚。法律、行政法规没有规定的，由省级以上网信部门依据职责给予警告、通报批评，责令限期改正，并可以处一万元以上十万元以下罚款。构成违反治安管理行为的，移交公安机关处理；构成犯罪的，移交司法机关处理。

3. 规定的总体要求

《规定》要求互联网用户注册、使用和互联网信息服务提供者管理互联网用户账号信息，应当遵守法律法规，遵循公序良俗，诚实信用，不得损害国家安全、社会公共利益或者他人合法权益；鼓励相关行业组织加强行业自律，建立健全行业标准、行业准则和自律管理制度，督促指导互联网信息服务提供者制定完善服务规范、加强互联网用户账号信息安全管理、依法提供服务并接受社会监督。

《规定》指出，互联网用户注册、使用账号信息，不得有下列情形：

（1）违反《网络信息内容生态治理规定》第六条、第七条规定；

（2）假冒、仿冒、捏造政党、党政军机关、企事业单位、人民团体和社会组织的名称、标识等；

（3）假冒、仿冒、捏造国家（地区）、国际组织的名称、标识等；

（4）假冒、仿冒、捏造新闻网站、报刊社、广播电视机构、通讯社等新闻媒体的名称、标识等，或者擅自使用"新闻""报道"等具有新闻属性的名称、标识等；

（5）假冒、仿冒、恶意关联国家行政区域、机构所在地、标志性建筑物等重要空间的地理名称、标识等；

（6）以损害公共利益或者谋取不正当利益等为目的，故意夹带二维码、网址、邮箱、联系方式等，或者使用同音、谐音、相近的文字、数字、符号和字母等；

（7）含有名不副实、夸大其词等可能使公众受骗或者产生误解的内容；

（8）含有法律、行政法规和国家有关规定禁止的其他内容。

三、2012年国家广电总局53号文件的要求

2012年，国家广电总局发布了第53号文件《关于进一步加强网络剧、微电影等网络视听节目管理的通知》，从以下六个方面对网络视听节目的审核提出了要求。

（一）鼓励生产制作健康向上的网络剧、微电影等网络视听节目

生产制作健康向上的网络剧、微电影等网络视听节目，是繁荣发展网络文化、实施网络内容建设工程的重要方面。作为面向社会大众的文化产品，必须始终坚持正确导向，把社会效益放在首位，自觉遵守法律法规和社会道德，积极传播主流价值，充分发挥引领风尚、教育人民、服务社会、推动发展的积极作用。

国家鼓励广播电台、电视台、网络广播电视台、互联网视听节目服务单位、影视节目制作单位等各类机构，生产制作适合网络传播、体现时代精神、弘扬真善美、人民群众喜闻乐见的网络剧、微电影等网络视听节目。

第五章　全媒体信息审核的国家规范与发展

（二）强化网络剧、微电影等网络视听节目播出机构准入管理

从事网络剧、微电影等网络视听节目播出的互联网视听节目服务单位，应具有满足审核需求的经国家或省级网络视听节目行业协会培训合格的审核人员，具备健全的节目内容编审管理制度，并依法取得广播影视行政部门颁发的信息网络传播视听节目许可证，严格按照许可业务范围开展业务。

从事生产制作并在本网站播出网络剧、微电影等网络视听节目的互联网视听节目服务单位，应同时依法取得广播影视行政部门颁发的广播电视节目制作经营许可证和相应信息网络传播视听节目许可证（见图5-1至图5-3）。

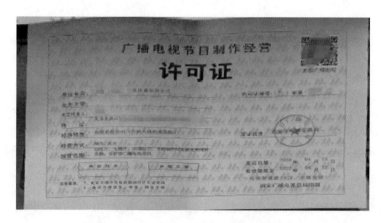

图5-1　广播电视节目制作经营许可证

图5-2　信息网络传播视听节目许可证

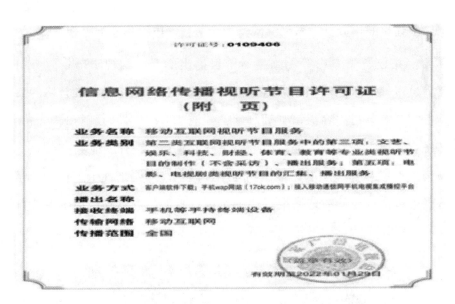

图 5-3　信息网络传播视听节目许可证附页

（三）强化网络剧、微电影等网络视听节目内容审核

互联网视听节目服务单位要按照"谁办网谁负责"的原则，对网络剧、微电影等网络视听节目实行先审后播管理制度。互联网视听节目服务单位在播出网络剧、微电影等网络视听节目前，应组织审核员对拟播出的网络剧、微电影等网络视听节目进行内容审核，审核通过后方可上网播出。

具有网络剧播出资质的互联网视听节目服务单位播放网络剧、微电影、网络电影、影视类动画片、纪录片等视听节目，应组织三名以上审核员进行内容审核，审核一致通过后由本单位内容管理负责人复核、签发。所有审核通过的网络剧、微电影、网络电影、影视类动画片、纪录片，都应在节目片头标注审核单位编制的审核序列号。

具有专业类视听节目播出资质的互联网视听节目服务单位播放文艺、娱乐、科技、财经、体育、教育等专业类视听节目，应组织两名以上审核员进行内容审核，审核一致通过后由本单位内容管理负责人复核、签发。

互联网视听节目服务单位转发上传视听节目，视同为该单位自制视听节目，由该单位按照同样要求先审后播。同时，互联网视听节目服务单位应对向网站上传视听节目的个人和机构核实真实身份信息。

网络剧、微电影等网络视听节目不得含有以下内容：

（1）反对宪法确定的基本原则的；

（2）危害国家统一、主权和领土完整的；

（3）泄露国家秘密、危害国家安全或者损害国家荣誉和利益的；

（4）煽动民族仇恨、民族歧视，破坏民族团结，或者侵害民族风俗、习惯的；

（5）宣扬邪教、迷信的；

（6）扰乱社会秩序，破坏社会稳定的；

（7）诱导未成年人违法犯罪和渲染暴力、色情、赌博、恐怖活动的；

（8）侮辱或者诽谤他人，侵害公民个人隐私等他人合法权益的；

（9）危害社会公德，损害民族优秀文化传统的；

（10）有关法律、行政法规和国家规定禁止的其他内容。

网络剧、微电影等网络视听节目涉及重大革命和重大历史题材，应遵照广播影视有关管理规定执行。

凡在广播影视行政部门备案公示，但未取得电影公映许可证、电视剧发行许可证的电影和电视剧等（见图 5-4 至图 5-6），不得在网上播出。

国家电影局
电影公映许可证
电审故字〔2020〕第 270 号

影片名称：

出品单位：

摄制单位：同上，中共商洛市委组织部、中共商洛市委宣传部、商洛市发展和改革委员会、商洛市扶贫开发局、中共山阳县委员会、山阳县人民政府、商洛市文化旅游产业发展办公室

片　　长：91 分钟

声音制式：5.1

幕　　幅：宽幅

发行范围：国内外发行

影片排次号：001103002020

国家电影局

2020 年 10 月 21 日

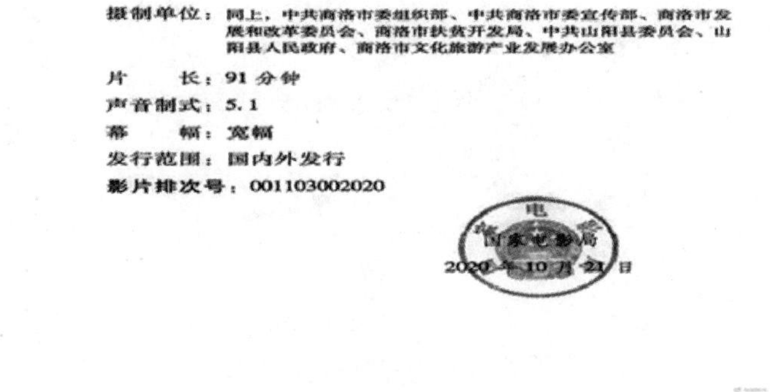

图 5-4　电影公映许可证

图 5–5　电影公映“龙标”

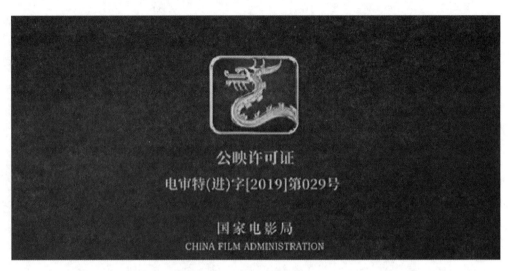

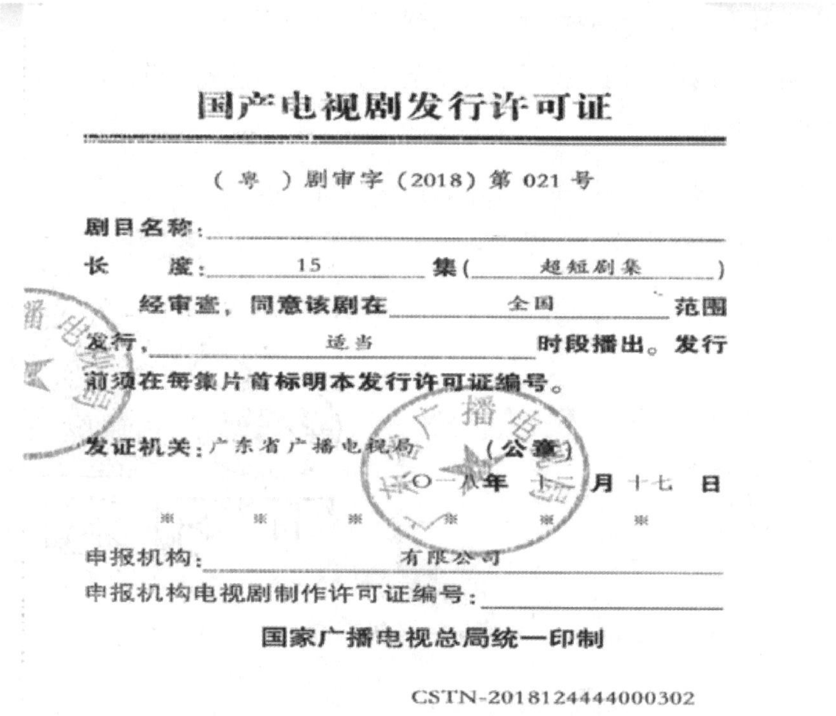

国产电视剧发行许可证

（ 粤 ）剧审字（2018）第 021 号

剧目名称：

长　　度：　15　集（　超短剧集　）

经审查，同意该剧在　全国　范围发行，　适当　时段播出。发行前须在每集片首标明本发行许可证编号。

发证机关：广东省广播电视局　（公章）

二〇一八年　十二　月十七　日

※　※　※　※　※　※

申报机构：　有限公司

申报机构电视剧制作许可证编号：

国家广播电视总局统一印制

CSTN-2018124444000302

图 5–6　电视剧发行许可证

第五章　全媒体信息审核的国家规范与发展

按照最新规定，从 2022 年 6 月 1 日起，国家广播电视总局将对网络剧片正式发放行政许可，包括网络剧、网络微短剧、网络电影、网络动画片等在内的国产重点网络剧片上线播出时，将使用统一的"网标"。网络剧、网络电影正式结束"上线备案号"时代，迎来"许可证"时代。网络剧片发行许可证片头以"网络视听"四个字为主体图，采用印章造型与朱红色背景（见图 5-7），时长 5 秒，放置于节目片头开始部分。网络剧片发行许可证分为网络剧发行许可证和网络电影发行许可证，发证机关都是国家广播电视总局。而在 2022 年 6 月 1 日之前，网络剧片实行的是备案登记制，网剧仅有上线备案号。在网剧创作发展的初级阶段，甚至由各个视频平台自审自播，这导致一段时期以来，网剧与电视剧在导向、标准、尺度上存在差异。

从备案到"网标"的发展，意味着国产网络剧片审查被纳入行政许可事项，由国家广播电视总局根据相关审查管理规定颁发许可证才能上线播出。由此，网上作品和网下作品也将进一步统一导向、统一标准、统一尺度。网络剧片发行许可证的上线意味着对网络剧片的审核更加规范，也有利于内容精品化发展。目前，《对决》是国内第一部拿到"网标"的网络剧，《金山上的树叶》是国内第一部拿到"网标"的网络电影。

图 5-7　网络剧片的发行"网标"

（四）强化网络剧、微电影等网络视听节目审核队伍建设

国家和省级广播影视行政部门负责指导中国网络视听节目服务协会和省级网络视听节目行业协会，对网络剧、微电影等网络视听节目审核员开展培训和考核。具体培训内容和考核标准由中国网络视听节目服务协会在国家广播影视行政部门指导下统一制定。

网络剧、微电影等网络视听节目审核员需经过节目内容审核业务培训，考核合格后方可从事节目内容审核工作。广播电视播出机构从事节目审核工作的中级职称以上人员申请成为网络剧、微电影等网络视听节目审核员，可以免予培训考核。

（五）强化网络剧、微电影等网络视听节目监管

各地互联网信息内容主管部门要充分发挥指导协调作用，积极配合广播影视行政部门做好网络视听节目和相关信息内容管理工作。进一步加强对属地内网站的监督管理，指导、督促其坚持正确舆论导向，大力弘扬社会主义核心价值，大力发展健康向上的网络文化，同时建立健全审核工作队伍和内容把关机制，严格依法办网，文明办网，落实行业自律和社会监督等各项措施。

广播影视行政部门、互联网视听节目服务单位、网络视听节目行业协会要进一步加强对网络剧、微电影等网络视听节目的监管：

（1）各级广播影视行政部门要按照属地管理原则，全方位加强辖区内互联网视听节目内容监管。要充实监管力量，不断完善技术监管系统建设；要督促和检查互联网视听节目服务单位落实网络剧、微电影等网络视听节目内容审核的相关管理要求。

（2）互联网视听节目服务单位要切实履行开办主体职责，坚守社会责任，建立和完善本单位网络剧、微电影等网络视听节目内容审核流程，严把网络剧、微电影等网络视听节目播出关，所有网络剧、微电影等网络视听节目一律先审后播；建立网络剧、微电影等网络视听节目监播制度，加强播出监看，发现问题及时处置。

（3）网络视听节目行业协会要在广播影视行政部门指导下，积极开展行业自律活动，引导会员单位传播健康有益的视听节目，营造文明健康的网络环境。要做好网络剧、微电影等网络视听节目审核员培训和考核工作，抓紧健全完善相关工作机制。

互联网视听节目服务单位应将审核通过的网络剧、微电影等网络视听节目信息报本单位所在地省级广播影视行政部门备案：

（1）互联网视听节目服务单位自审的网络剧、微电影、网络电影、影视类动画片、纪录片，应将审核通过的节目名称、内容概要、审核员和本单位内容管理负责人签字的节目审核单等信息报本单位所在地省级广播影视行政部门备案。

（2）互联网视听节目服务单位开设和自审的专业类视听节目栏目，应将审核通过的节目栏目名称、栏目内容概要等信息报本单位所在地省级广播影视行政部门备案。

广播影视行政部门、互联网视听节目服务单位、网络视听节目行业协会应建立投诉受理机制，通过网络、电话等多种形式，及时受理并认真处理群众对网络剧、微电影等网络视听节目的投诉。

（六）强化退出机制

广播影视行政部门对违反有关法规、不能履行开办主体责任的互联网视听节目服务单位，要严格依法实行业务退出机制。

互联网视听节目服务单位主要出资者和经营者应对播出的视听节目内容负责。对违规播出网络剧、微电影等网络视听节目的互联网视听节目服务单位的主要出资者和经营者，广播影视行政部门依据《互联网视听节目服务管理规定》，视情节予以警告、罚款直至5年内不得投资和从事互联网视听节目服务的处罚。

对违规播出网络剧、微电影等网络视听节目的互联网视听节目服务单位，广播影视行政部门依据《互联网视听节目服务管理规定》，予以警告、责令改正、罚款等处罚；对违规情节严重的，依据《广播电视管理条例》，可予以没收违法活动设备、没收违法所得、吊销许可证等处罚。

四、2017年《网络视听节目内容审核通则》

2017年6月30日,中国网络视听节目服务协会发布了《网络视听节目内容审核通则》(下文简称《通则》),该通则是行业协会根据广电总局的相关政策整理出来的行业指导方案,对于视频网站审片以及行业制片具有一定的指导意义。

《通则》对网络视听节目给出了比较明确的界定:网络视听节目具体包括网络剧、微电影、网络电影、影视类动画片、纪录片和文艺、娱乐、科技、财经、体育、教育等专业类网络视听节目,以及其他网络原创视听节目,通过审核规定让网络视听节目有据可依,明确什么能拍,什么不能拍。

《通则》明确规定了内容审核的两大原则——先审后播原则、审核到位原则,确立了政治导向、价值导向和审美导向三大审核要素,明确了审核细节包括情节、画面、台词、歌曲、音效、人物、字幕等。

互联网视听节目服务相关单位须遵守《通则》规定,不得传播《通则》禁止的内容。针对导向要求,《通则》提出,互联网视听节目服务相关单位应坚持正确的政治方向,努力传播体现当代中国价值观念、体现中华文化精神、反映中国人审美追求的优秀作品,包括坚持以人民为中心的创作导向;坚持以现实题材为主,贴近实际、贴近生活、贴近群众,记录时代发展和社会进步;大力弘扬中国优秀传统文化等。

针对节目内容审核标准,《通则》列出了8条完全禁止的内容,以及10条需剪截、删除的内容。

《通则》强调:审核员审核节目时应完整审看包括片头片尾在内的全部内容,不得快进和遗漏,每部网络剧、微电影、网络电影、影视类动画片、纪录片应由不少于三人的审核员审核,每期(条)专业类网络视听节目应由不少于两人的审核员审核。审核员应客观、公正地提出书面的节目审核意见,审核意见应明确指出需要修改的问题、是否同意播出,并说明理由。

《通则》要求,涉及下列内容的,要聘请相关专家进行把关:

(1)涉及革命先驱及其他重要人物形象、少数民族语言文字、特定符号与标识使用以及图形、图表等；

（2）节目内容表现人民军队、武装警察、国安、公安、司法人员、医生、律师等特定职业、群体，以及社会组织、团体的；

（3）涉及特定历史时期、职业群体的服装、布景道具等。

五、2019年《网络短视频内容审核标准细则》

2019年1月9日，中国网络视听节目服务协会发布《网络短视频内容审核标准细则》（下文简称《细则》），该细则共计21类100条。

100条细则主要依据《互联网视听节目服务管理规定》第十六条所列10条标准，以及《网络视听节目内容审核通则》第四章第七、八、九、十、十一、十二条所列94条标准制定。以上所述标准多用于互联网长视频内容方面的管理，而以长视频内容管理规定、审核通则为基础制定短视频内容审核标准细则，说明对于短视频的内容审核工作，有关监管机构已经开始与长视频管理审核标准进行对标。

依据网络短视频内容审核基本标准，网络播放的短视频节目，及其标题、名称、评论、弹幕、表情包等，其语言、表演、字幕、背景中均不得出现21个方面的具体内容。21个方面的具体内容分别为：攻击我国政治制度、法律制度的内容；分裂国家的内容；损害国家形象的内容；损害革命领袖、英雄烈士形象的内容；泄露国家秘密的内容；破坏社会稳定的内容；损害民族与地域团结的内容；违背国家宗教政策的内容；传播恐怖主义的内容；歪曲贬低民族优秀文化传统的内容；恶意中伤或损害人民军队、国安、警察、行政、司法等国家公务人员形象和共产党党员形象的内容；美化反面和负面人物形象的内容；宣扬封建迷信，违背科学精神的内容；宣扬不良、消极颓废的人生观、世界观和价值观的内容；渲染暴力血腥、展示丑恶行为和惊悚情景的内容；展示淫秽色情，渲染庸俗低级趣味，宣扬不健康和非主流的婚恋观的内容；侮辱、诽谤、贬损、恶搞他人的内容；有悖于社会公德的内容；不利于未成年人健康成长的内容；宣扬、美化历史上侵略战争和殖民史的内容；其他违反国家有关规定、社会道德规范的内容。

《细则》在禁止出现的 21 类内容下，分别列出了具体涉及的内容。例如，第 10 类"歪曲贬低民族优秀文化传统的内容"涉及以下方面：

（1）篡改名著、歪曲原著精神实质的；

（2）颠覆经典名著中重要人物人设的；

（3）违背基本历史定论，任意曲解历史的；

（4）对历史尤其是革命历史进行恶搞或过度娱乐化表现的。

六、2021 年《网络短视频内容审核标准细则》

《网络短视频内容审核标准细则》自 2019 年初发布以来，已成为各主要网络视听平台加强节目内容审核管理的基础性制度文件。2021 版《细则》对 2019 版《细则》进行了全面修订，对原有 21 类 100 条标准进行了与时俱进的完善。针对备受公众关注的短视频泛娱乐化、低俗庸俗媚俗，以及泛娱乐化恶化舆论生态、利用未成年人制作不良节目、违规传播广播电视和网络视听节目片段、未经批准擅自引进播出境外节目等典型突出问题，2021 版《细则》为各短视频平台一线审核人员提供了更为具体和明确的工作指引。

2021 版《细则》中列举了 100 种短视频节目及其标题、名称、评论、弹幕、表情包等，其语言、表演、字幕、画面、音乐、音效中不得出现的内容，如表现未成年人早恋的，以及抽烟酗酒、打架斗殴、滥用毒品等不良行为的，破坏生态环境，虐待动物，捕杀、食用国家保护类动物的，等等。

其中第 54 条规定，短视频节目等不得出现"展现'饭圈'乱象和不良粉丝文化，鼓吹炒作流量至上、畸形审美、狂热追星、粉丝非理性发声和应援、明星绯闻丑闻"的内容。

第 93 条规定，短视频节目等不得出现"未经授权自行剪切、改编电影、电视剧、网络影视剧等各类视听节目及片段"的内容。该条规定对广受关注的互联网版权问题进行了细化规定。当下部分网络短视频平台依然充斥着大量涉嫌侵权的二创短视频，一些所谓"创作者"还对原作品进行恶搞和低俗解说，以博人眼球、追逐流量，对原作品的内容价值造成伤害。版权保护问题是网络视听节目发展的难点问题，在审核过程中不能简单采用一刀切的方式，不能一味认定所有影视解说类短视频都构成侵权。如果不是简单的裁剪，而是在原作基础上注入自己思想的二度创作，就不应该轻率地予以禁止。

第二节　全媒体信息审核的发展

一、审核员持证上岗

对于互联网内容平台来说，确保平台内容的合法性和规范性，建立健全平台内容审核机制非常重要，是需要高度重视的问题。因此，培养一批素质高、责任意识强的内容审核人员，成为互联网行业持续繁荣和企业快速发展的迫切需要。

中国电子学会组织编制的《互联网内容审核职业技能等级标准》于2020年5月正式对外发布。该标准是中国电子学会按照《国家职业教育改革实施方案》的部署，为加强互联网内容审核人才队伍建设，充分发挥科技社团第三方作用，联合有关单位根据有关要求组织编制的。标准规定了互联网内容审核职业技能等级对应的工作领域、工作任务及技能要求，旨在为相关单位选人用人、教育培训、考核评价提供重要参考依据。

《互联网内容审核职业技能等级标准》提出：互联网内容审核职业技能分为三个等级，初级、中级、高级依次递进，高级别涵盖低级别要求。

审核员应具有高度的社会责任感、较高的文化修养、良好的职业道德，熟悉国家相关法律法规、方针政策；审核员应经过节目内容审核业务培训，考核通过后从事节目内容审核工作。

近年来，国家广电总局和网络视听节目服务协会也组织了多批次的信息审核员培训工作，为培训合格、通过考试的学员发放了网络视听节目审核员培训证书（见图5-8）。

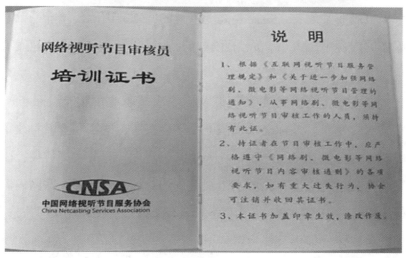

图 5-8 网络视听节目审核员培训证书

二、平台规范、标准统一

互联网内容审核的依据主要是国家法律法规、中央精神、政府部门管理政策、行业自律规范以及公序良俗等。国家法律法规以《中华人民共和国宪法》为根本，包括《中华人民共和国国家安全法》《反分裂国家法》《中华人民共和国未成年人保护法》《宗教事务条例》等。国家法律法规透明度高，效力层级较高,为网络信息审核划出了"红线"。

中央精神包括领导人的讲话、会议发言、报告及指导意见,其对于审核工作具有直接指导意义。作为网络信息审核员,应该积极主动了解和学习中央精神。

政府部门管理政策一般是主管部门发布的各项要求,例如网信办、国家广电总局发布的各类文件。管理政策具有较好的透明度,内容较为具体明确,对审核工作具有针对性的指导意义。

中国网络视听节目服务协会于 2017 年 6 月 30 日审议通过的《网络视听节目内容审核通则》是较为典型的行业自律规范。自律规范一般会对相关法律法规进行汇总整理、分类编排,实用性较好。

三、人工与智能化结合

全媒体信息的审核一般由机器审核和人工审核两个板块组成。机器审核是按照事先制定好的规则或机器学习算法对内容进行审核,一般较为成熟的审核系统能对绝大多数信息内容进行自动审核,并依据规则进行处理。人工审核则主要由信息审核员完成。

对于用户上传的信息,系统首先进行自动审核,即机器审核。机器审核难以判断的信息会被调出,进入人工审核阶段。虽然绝大多数信息已经被机器审核过滤,但在信息爆炸的时代,人工审核的内容仍然十分巨大。人工审核环节按照国家当前的要求必须贯彻"三审三校"原则,用户上传的信息在"三审三校"后方可成功发布,在这一过程中必须同时落实频道主编、页面审核和总编辑把关两个环节。

为了更好地保障内容审核的效果,还设置有用户投诉审核和结果复审环节,这两个环节一般需要进行人工审核。用户投诉审核是对此前审核流程的补充,因为有很多违规内容可能是首次出现,无论机器审核还是人工审核都缺乏具有针对性的过滤规则,或者违规的内容非常隐蔽,规则难以严格过滤。因此用户的投诉是发现新问题的重要渠道。

结果复审通常采取抽查方式，例如，通过复审机器删除的内容，看规则或算法是否过于严格；通过查看人工删除和通过的内容，看员工的工作是否按要求执行；通过内容的整体巡查，看是否存在新的问题未被注意到。

第三节　全媒体信息审核的重要性及基本原则

一、全媒体信息审核的重要性

2019年1月25日，中共中央总书记习近平在中共中央政治局第十二次集体学习时提出：没有规矩不成方圆。无论什么形式的媒体，无论网上还是网下，无论大屏还是小屏，都没有法外之地、舆论飞地。主管部门要履行好监管责任，依法加强新兴媒体管理，使我们的网络空间更加清朗。

全媒体视听节目作为一种新兴的网络文化业态在我国飞速发展，它在丰富人民群众精神文化生活的同时，也出现了一些值得重视的问题。其中一些节目有内容低俗、格调低下，渲染暴力色情等问题，对广大网民特别是青少年造成了负面影响，必须加强审核与监管。

互联网不是法外之地。利用网络鼓吹推翻国家政权，煽动宗教极端主义，宣扬民族分裂思想，教唆暴力恐怖活动，等等，这样的行为要坚决制止和打击，决不能任其大行其道。利用网络进行欺诈活动，散布色情材料，进行人身攻击，兜售非法物品，等等，这样的言行也要坚决管控。

二、全媒体信息审核的基本原则

全媒体信息不能含有以下内容：

（1）违反宪法确定的基本原则。

（2）危害国家统一、主权和领土完整。

（3）泄露国家秘密、危害国家安全或者损害国家荣誉和国家利益。

（4）曲解中华文明和中国历史，严重违背历史史实；曲解他国历史，不尊重他国文明和风俗习惯；贬损革命领袖、英雄人物、重要历史人物形象；篡改中外名著及名著中重要人物形象。

（5）恶意贬损人民军队、武装警察、公安和司法形象。

（6）煽动民族仇恨、民族歧视，破坏民族团结，损害民族优秀文化传统，侵害民族风俗、习惯。

（7）宣扬邪教、迷信，鼓吹宗教极端主义，挑起各宗教、教派之间，信教与不信教群众之间的矛盾和冲突，伤害群众感情。

（8）危害社会公德，扰乱社会秩序，破坏社会稳定，诱导未成年人违法犯罪。

（9）侮辱或诽谤他人，侵害公民个人隐私等他人合法权益。

（10）夹杂淫秽色情和庸俗低级内容，展现淫乱、强奸、卖淫、嫖娼、性行为、性变态等情节及男女性器官等其他隐秘部位；夹杂肮脏低俗的台词、歌曲、背景音乐及声音效果等。

（11）夹杂凶杀、暴力、恐怖、鬼怪等内容，颠倒真假、善恶、美丑的价值取向，混淆正义与非正义的基本性质；刻意表现违法犯罪嚣张气焰，具体展示犯罪行为细节，暴露特殊侦查手段；有强烈刺激性的凶器、血腥、暴力、吸毒、赌博等情节；有虐待俘虏、刑讯逼供罪犯或犯罪嫌疑人等情节；有过度惊吓恐怖的画面、台词、背景音乐及声音效果。

（12）宣扬消极、颓废的人生观、世界观和价值观，刻意渲染、夸大民族愚昧落后或社会阴暗面。

（13）宣扬破坏生态环境，虐待动物，捕杀、食用国家保护类动物。

（14）过分表现酗酒、吸烟及其他陋习。

（15）国家法律、行政法规禁止的其他内容。

三、全媒体视听节目需要遵守的原则

（1）严格遵守国家宪法和法律，宣传党和国家的方针政策。

（2）弘扬社会主义先进文化，传播主流价值观，推动社会全面进步。

（3）维护国家主权、国家安全和社会稳定，促进社会和谐，保障人民生活幸福安定。

（4）不传播不良消费观和错误投资理念，促进国民经济又好又快发展。

（5）节目内容需符合真实性原则，内容健康、积极向上，严禁主观臆造、歪曲事实、无中生有。

（6）节目内容应与标题一致，主题鲜明、表述准确、语句通顺。

（7）节目画面与主题相符，清晰流畅、声画同步，字幕无错别字。

（8）大力弘扬民族优秀文化传统，不断丰富人民群众的精神文化生活，滋润心灵、陶冶情操、愉悦身心。

思考题

一、我国关于全媒体信息内容审核的法律和规范有哪些？

二、网信办针对网络信息审核有哪些规范要求？

三、如何理解国家广电总局2012年第53号文件的要求？

四、如何理解2017年《网络视听节目内容审核通则》的审核要求？

五、如何理解2019年《网络短视频内容审核标准细则》的审核要求？

六、2021年《网络短视频内容审核标准细则》的审核要求相比于2019年版有哪些发展和变化？

七、全媒体信息的发展给审核带来了哪些新要求？

第六章 网络视听节目内容的审核

【目标】

通过本章的学习,学生应了解各类型网络视听节目的发展状况,理解和掌握国家针对不同类型的网络视听节目所颁布的各类审核规范要求,能够运用审核规范对各类型网络视听节目进行基本的内容审核。

第一节 网络影视剧审核的依据及主要规范

一、网络影视剧的行业发展状况

网络影视剧包括网络剧、网络电影、网络动画片等多种表现形式,是深受观众喜爱的网络节目类型。随着我国经济社会的不断发展,数字化以及互联网迅速地引领了现代社会潮流,这使得网络视听节目行业得到了空前的发展。

截至2020年6月,中国网络视听用户规模达9.01亿,网民使用率为95.8%。网络影视剧发展迅速,已成为具有影响力的艺术形式之一,其优点在于互动性、便捷性,由观众随意即兴点播,因而深受年轻网民的青睐。2020年中国网络剧占电视剧数量的73%,网络独播电视剧占网络剧数量的72%,网剧联播占比为10%。据广电总局数据显示,2020年中国网络剧中独播剧数量为215部,需要付费的网络剧有210部,互动网络剧有13部。从网络剧剧本数据来看,2020年中国网络剧原创剧本占52%,有119部电视剧属于原创剧本拍摄完成;中国网络剧改编剧本占48%,有111部网络剧属于改编剧本拍摄完成。

在许多海外互联网平台上,中国剧集的影响力也有显著提升。对于网络视频平台而言,广告成为主要利润来源。而随着逐渐加强知识产权保护及盗版现象的减少,网络媒体平台可从用户支付点播服务获利。随着互联网(尤其是移动终端)普及率日益提高,且由于用户可以轻松方便地浏览互联网上的各种信息,不受空间限制,互联网平台在网络影视剧发行方面逐步具备了较强的竞争力。2020年受疫情的影响,我国线下电影产业遭遇了前所未有的挑战,许多院线电影未能如期上映,却打开了网络电影新篇章。2020年全国线上影片正片有效播放528亿,较上年减少74亿,同比下降12.29%;其中网络电影正片有效播放112亿,较上年增加26亿,同比增长30.23%。

二、网络影视剧审核的依据及规范

(一)网络影视剧审核的依据

网络影视剧的审核依据和标准包含了国家法律法规、中央精神、政府部门管理政策、行业自律规范及公序良俗等。要较高质量地完成网络影视剧的审核工作,各互联网视听节目服务单位及其审核人员应该多学习中央公开文件,多学习习近平总书记讲话,特别是习近平总书记在文艺工作座谈会上的讲话应该重点学习,有利于更好地理解和把握审核标准。

2012年,广电总局第53号文件《关于进一步加强网络剧、微电影等网络视听节目管理的通知》要求:

(1)从事网络剧、微电影等网络视听节播出的互联网视听节目服务单位,应具有满足审核需求的经国家或省级网络视听节目行业协会培训合格的审核人员;

(2)互联网视听节目服务单位在播出网络剧、微电影等网络视听节目前,应组织审核员对拟播出的网络剧、微电影等网络视听节目进行内容审核,审核通过后方可上网播出。

该通知明确了互联网视听节目服务单位的责任,要求谁办网,谁负责,同时建立了自审自播、先审后播、不审不播的指导原则。

第六章　网络视听节目内容的审核

该文件还强化了处罚力度，建立了相应的行业退出机制。国家广播影视行政部门对违反有关法规、不能履行开办主体责任的互联网视听节目服务单位，要严格依法实行业务退出机制。互联网视听节目服务单位主要出资者和经营者应对播出的视听节目内容负责，对违规播出网络剧、微电影等网络视听节目的互联网视听节目服务单位的主要出资者和经营者，广播影视行政部门依据《互联网视听节目服务管理规定》，视情节予以警告、罚款直至5年内不得投资和从事互联网视听节目服务的处罚。对违规播出网络剧、微电影等网络视听节目的互联网视听节目服务单位，广播影视行政部门依据《互联网视听节目服务管理规定》，予以警告、责令改正、罚款等处罚；对违规情节严重的，依据《广播电视管理条例》，可予以没收违法活动设备、没收违法所得、吊销许可证等处罚。

2014年，国家新闻出版广电总局发布2号文件《关于进一步完善网络剧、微电影等网络视听节目管理的补充通知》，文件明确规定网络影视剧的制作机构必须持有"广播电视节目制作经营许可证"，要求网络视听节目服务单位严格进行内容审核，凡是不符合国家有关规定的节目应该立即下线。

2016年，国家新闻出版广电总局发布198号文件《关于进一步加强网络原创视听节目规划建设和管理的通知》，文件要求符合相关条件的重点网络原创视听节目，应当于开始制作前，由制作机构在"重点网络影视剧信息备案系统"中，登记节目名称、题材类型、内容概要、制作预算等规划信息，具体包括互联网视听节目服务单位招商主推的节目，拟在互联网视听节目服务单位网站（客户端）主页推广的节目，拟优先供网站会员观看的节目，投资超过500万元的网络剧或投资超过100万元的网络电影（微电影），互联网视听节目服务单位自愿备案的其他重点网络原创视听节目。重点网络影视剧的申报流程为"账号申请、规划备案、境外人员申报、拍摄制作、上线备案、播出"。申请重点网络影视剧备案需获得由各省级广电部门核发的"广播电视节目制作经营许可证"。

2017年，国家新闻出版广电总局发布104号文件《关于进一步加强网络视听节目创作播出管理的通知》，对中央和总局的规定进行了进一步细化和明确。该通知要求：各类网络视听节目必须规范使用国家通用语言文字；自觉摒弃低俗、庸俗、媚俗的低级趣味，严禁使用挑逗、污秽、恶毒、侮辱、谩骂等极端言辞。

网络视听节目要坚持与广播电视节目同一标准、同一尺度，把好政治关、价值关、审美关，实行统筹管理：

（1）未通过审查的电视剧、电影，不得作为网络剧、网络电影上网播出；

（2）导向不正确的电视综艺节目，也不得以网络综艺节目的名义在互联网、IPTV、互联网电视上播出；

（3）不允许在广播电视播出的节目，同样不允许在互联网（含移动互联网）上播出；

（4）禁止在互联网（含移动互联网）上传播的节目，也不得在广播电视上播出；

（5）不得在互联网（含移动互联网）、广播电视等任何平台上以任何形式传播所谓"完整版"、"未删减版"、"未删节版"及"被删片段"等节目（含镜头片段）。

2018年，广电总局办公厅发布《关于网络视听节目信息备案系统升级的通知》，进一步要求重点网络影视剧开始制作前由制作机构登录"重点网络影视剧信息备案系统"，登记节目名称、题材类型、内容概要、制作预算等规划信息。取得上线备案号的重点网络影视剧方可在各视听节目网站（客户端）首页播放、推广，或者用于视听节目网站招商推广、会员推荐、上线推荐、节目推优等。

同年，广电总局发布《关于进一步加强广播电视和网络视听文艺节目管理的通知》，要求进一步加大电视剧网络剧（含网络电影）的治理力度，促进行业良性发展，坚持同一标准、同一尺度，维护广播电视与网络视听节目的健康有序发展；强调加强收视率（点击率）调查数据使用管理，坚决打击收视率（点击率）造假行为。

2020年，广电总局发布《关于进一步加强电视剧网络剧创作生产管理有关工作的通知》。该通知要求，在申报备案公示时，制作机构需要向有关广播电视主管部门承诺已经基本完成剧本创作；内容涉及政治、军事、外交、国家

第六章　网络视听节目内容的审核

安全、统战、民族、宗教、司法、公安、反腐等敏感内容的，申报拍摄制作备案公示前必须征得省、自治区、直辖市以上人民政府有关主管部门或者有关方面的书面同意意见。该通知对观众反映较为强烈的内容"注水"、天价片酬等现象也进行了明确规范，电视剧网络剧拍摄制作提倡不超过40集，鼓励30集以内的短剧创作，网络剧制作成本决算配置比例报告、演员片酬合同复印件需要提交至有关广播电视主管部门备案；每部电视剧网络剧全部演员总片酬不得超过制作总成本的40%，其中主要演员的片酬不得超过总片酬的70%。

2020年12月8日，广电总局办公厅发布《关于网络影视剧中微短剧内容审核有关问题的通知》，界定微短剧是指网络影视剧中单集时长不足10分钟的剧集作品。微短剧的备案操作流程与网络电影和网络剧基本一致，需要提交故事来源、意向播出平台、集数、制作预算、1500—3000字的内容概要、不少于300字的思想内涵等。广电总局明确规定，网络微短剧内容审核跟传统时长网络影视剧同一标准、同一尺度，均要由广电行政部门、播出平台、制作机构按照《网络视听节目内容审核通则》严格把关。

"重点网络微短剧"由制作机构在"重点网络影视剧信息备案系统"自主进行备案，经所在地省级广播电视行政部门审核后，原则上在5个工作日内即可获得规划备案号。网友个人制作、上传的单集时长在3分钟以内的网络微短剧（剧情短视频），由视频平台进行审核，审核通过后由平台自行编号登记播出。由于影视专业人员、知名公众人物具有相当的影响力，他们创作上传的网络微短剧须跟机构制作的微短剧一样，按照规范流程进行申报备案。

2022年1月，国产网络剧片审查正式纳入行政许可事项管理。根据广播电视主管部门对国产重点网络剧片实施重点监管的规定，符合以下一项或多项的网络剧、网络微短剧、网络电影、网络动画片，应依法取得广播电视主管部门颁发的网络剧片发行许可证。

（1）投资额较大的，目前的标准是投资500万元人民币以上的网络剧、网络动画片，以及投资100万元以上的网络电影、网络微短剧；

（2）网络视听节目服务机构招商主推的；

（3）在网站（客户端）首页首屏、专题版块，或专区专栏中推荐播出的；

（4）优先提供会员观看，或以付费方式提供观看服务的；

（5）网络剧片制作发行主体自愿按照重点网络剧片申报的。

（二）网络影视剧审核的规范

随着网络剧片发行许可证上线，"上线备案号"时代正式结束，更加规范的"网标"时代开启。综合上述审核依据，为更好地推进网络影视剧健康蓬勃发展，网络影视剧的审核规范需要从以下方面加强：

（1）重视对网络影视剧的全流程管理，加强对视频审核员的培训，提高审核员的审核水平，严肃追究网络平台主管人员的相关责任；

（2）对于重大项目，特别是涉及敏感题材的网络影视剧要提前介入，高度重视；

（3）对于网络影视剧，要加强管理主体的多方联动共管，做到线上线下标准统一；

（4）对于涉及不良因素的网络影视剧，要在制作阶段就予以关注和跟踪，不能等到成片了再做下架处理；

（5）应该积极从国家层面推动优秀网络影视剧的制作，争取推出一系列优秀的、具有引领效果的网络影视剧，为行业发展树立标杆。

例如，第一部获得"网标"的电影《金山上的树叶》入选国家广电总局2021年网络视听节目精品创作传播工程，该片由国家广电总局网络视听节目管理司、浙江省广播电视局指导，5月18日在腾讯视频、爱奇艺、优酷三个平台上线（见图6-1）。

三、网络影视剧的审核要素

（一）导向要素

依据审核规范，导向要素一般包括政治导向、价值导向和审美导向要求。按照备案审核要求，网络影视剧进行备案申报时需要如实填写作品的思想内涵，包括节目所表达的主题、体现的价值观，忌刻意套用社会主义核心价值观、发扬爱国主义、弘扬传统文化等，忌随意拔高。内容概要与思想内涵不一致的，将视情况退回修改，或者不通过。

图 6-1　第一部获得"网标"的电影《金山上的树叶》

1. 政治导向要求

政治导向涉及的是极为敏感的要素，主要包括我国的政治体制、党和国家的领导、主权统一、民族团结等因素。网络影视剧故意触碰政治底线的情形并不多见，这与网络影视剧自身的表现形式有关，较常出现的是基于流量话题而产生的泛娱乐式的、对政治要素的一些调侃式表现，也容易出现网络影视剧制作方知识缺乏或者自身把关不到位所导致的一些细节问题。如部分现代题材的网络影视剧所使用的地图道具，对我国版图状况做了错误展示，使用的配乐、服装图案等出现了禁忌元素。

2. 价值导向要求

价值导向主要涉及的是对受众价值观的影响，一般涉及道德观念、爱情观念、婚姻观念、家庭观念、金钱观念等方面。网络影视剧中较容易出现对不良价值观的传播，如爱情家庭题材的电视剧中美化、鼓吹婚外恋，现代都市剧中刻意渲染极度奢靡的生活，推崇拜金主义，这对年轻人的价值观形成了极大的冲击。

3. 审美导向要求

审美导向侧重的是对主流审美的引导，但部分网络影视剧为了吸引流量，形成关注度较高的话题，获得讨论度，容易出现较为低级的、媚俗的、过于注重感官刺激的画面，甚至出现对传统文化的刻意丑化，渲染非主流的审美观念。

关于价值导向和审美导向，过去有一种观念认为，与电视剧、电影相比，网络影视剧属于小众范围，在价值和审美方面可以放宽要求。事实上，网络对青少年群体的影响力已经超过了传统媒体，成为对青少年有较大影响作用的传播平台。因此，网络影视剧必须坚持传播主流价值观和主流审美导向。

（二）情节、画面、人物、台词、音效等

除了导向要求以外，质量的全面审核也非常重要，因为网络影视剧的内容和呈现形式均较为丰富，依据《网络视听节目内容审核通则》第四条的要求，应该对其拟播出的视听节目作品和用于宣传推广、介绍作品等目的而制作的图文及视频内容进行全面审核，情节、画面、台词、歌曲、音效、人物、字幕等都在待审核范围内。

四、典型题材网络影视剧的常见审核要点

伴随互联网内容审核制度的建立和发展，每年被要求下架的网络影视剧数量较多。如2018年有24部网剧被下架，其内容的主要问题集中在：宣扬封建迷信，内容低俗，画面过于血腥，渲染暴力、恐怖、凶杀，过度展现人性阴暗面，过度展现黑势力的猖獗，宣扬错误价值观，宣扬不健康婚恋观。

（一）爱情婚姻家庭题材

爱情婚姻家庭题材有古装剧也有现代都市剧，是许多观众喜欢的"解压下饭剧"，其制作成本相对较低，涉及不良政治导向的情况不多，但往往存在情节和人设套路化的问题。其中较为特殊和敏感的主要是涉及校园爱情题材，特别是涉及未成年人的网络影视剧，对这类题材的网络影视剧的审核要格外注意严把价值导向和审美导向。爱情婚姻家庭题材的网络影视剧中较容易出现的问题主要表现为以下方面：

1."腐文化"等亚文化问题

网络空间也是各种思想文化交流、融合与碰撞的空间，基于各个媒体平台都有自己的受众定位，其信息传播具有分层、分圈子散发的特点。国家法律法规、政府管理政策及行业自律规范主张文艺作品应该百花齐放，并不绝对禁止"亚文化"在网络中出现，但完全放任"亚文化"随意传播容易导致其泛滥开来，对社会主义核心价值观的培育、对大众的审美取向都会造成恶劣影响。如"腐文化""丧文化"这些年在网络上传播较多，部分制作方刻意利用这类亚文化打"擦边球"，以获得较高的话题度，而"腐文化"和"丧文化"极易对青少年特别是未成年人造成不良影响，在他们三观尚未成熟时容易使其误入歧途。"腐文化"的传播容易让"同性之恋"成为一种所谓的时尚，让部分未成年人跃跃欲试。

例如：之前被下架的网络剧《上瘾》《镇魂》等都充满了极为浓郁的"腐文化"氛围，剧播放前后网络上均出现了所谓的CP营销宣传，一时间在青少年群体的某些圈子里得到了较为广泛的关注和传播，"腐女"加"粉丝"在网上掀起了一波又一波的高潮，不仅让部分青少年开始产生一种男男之情是更为纯粹的爱情的论调，也极大地催生了不良的饭圈文化，如应援。"亚文化"本身不是绝对禁忌，但不正常的渲染，尤其是对未成年人进行严重脱离现实的宣传，这是非常不恰当的，容易对未成年人的三观造成不当的影响。

此外，《上瘾》被下架的另一个重要原因是有美化和鼓吹高中生恋爱的倾向，不利于未成年人的身心发展。

2. 鼓吹婚外情，宣传不正确的爱情婚姻观

宣传爱情至上，对于"小三"一味鼓吹真爱理论。婚外情确实在实际生活中存在，网络剧并不是不能展示婚外情，而是对其的展示要符合正确的价值观，不能够渲染对婚外情的赞扬、支持的态度，这极易对公序良俗带来较大的冲击。

3. 夸大家庭内部的各种争斗，渲染不和谐的家庭观念

对于婆媳之争、妯娌之争、手足之争等内容进行夸张的表现，以猎奇的方式迎合部分观众的审美趣味。

4. 涉黄

爱情婚姻家庭题材网络影视剧中容易出现低俗涉黄内容，如吻戏、床戏的展现过于刻意、幅度较大，以及在用语上较为低俗，打擦边球。

5. 严重脱离实际，内容较为悬浮

爱情婚姻家庭题材网络影视剧中较容易出现"甜宠剧"，这种剧比较适合放松心情，故而深受部分观众的喜爱。但有些"甜宠剧"存在内容严重脱离现实的情况，比较容易给观众，特别是年轻观众的价值导向带来负面影响，较为典型的有以下几种情形：

（1）不管任何职业，男女主都拥有随随便便就可事业成功的能力，此类剧往往在职业描述上严重脱离现实，例如职业是程序员、医生或者律师等，但每天的工作都是简简单单、轻轻松松的，人生唯一的难题就是谈恋爱。还有男女主生活奢靡，与其职业特点严重不符，例如月薪几千，却住着大别墅，用着奢侈品，极易引起观众吐槽，也传递了不正确的价值观。

（2）青春题材的网络剧中高中生为主要角色，但其内容集中表现玩乐和情感，对学业描述极少，对早恋、多角恋，甚至对一些严重违背中国高中生活实际的情节进行重点表现。因此，网络剧应该避免出现对未成年人早恋的过多描述和美化，为未成年人营造良好的校园氛围。

（二）古装、历史题材

古装题材的电视剧在中国是非常受观众喜爱的电视剧类型，对外传播的古装电视剧也占有一定的比例。公开播放的古装剧所涉及的题材是较为广泛的，

主要的有爱情剧、宅斗宫斗剧、历史剧、武侠剧、仙侠神魔剧等。

习近平总书记在2014年文艺工作座谈会上指出：中华民族在长期实践中培育和形成了独特的思想理念和道德规范，有崇仁爱、重民本、守诚信、讲辩证、尚和合、求大同等思想，有自强不息、敬业乐群、扶正扬善、扶危济困、见义勇为、孝老爱亲等传统美德。中华优秀传统文化中很多思想理念和道德规范，不论过去还是现在，都有其永不褪色的价值。我们要结合新的时代条件传承和弘扬中华优秀传统文化，传承和弘扬中华美学精神。中华美学讲求托物言志、寓理于情，讲求言简意赅、凝练节制，讲求形神兼备、意境深远，强调知、情、意、行相统一。我们要坚守中华文化立场，传承中华文化基因，展现中华审美风范。

优秀的古装影视剧不仅是受观众青睐的类型，还能够传播中国优秀的传统文化，让青少年对优秀的中国传统文化有更好的认知和认同。此外，古装影视剧的对外传播也可以较好地对外宣传我国的优秀传统文化，让世界观众对中国传统文化有更为直接的认知和感受。但正因为古装影视剧题材广泛，包含的内容较多，如果其中含有不恰当的元素，所产生的不良影响毫无疑问也是巨大的。这些年来，制作精良的古装影视剧如《琅琊榜》《长安十二时辰》《庆余年》等均获得了较好的观众反响。《琅琊榜》虽然是一部架空古装剧，但其所反映出的中华传统精神和传统审美都非常优秀，曾获得第30届"飞天奖"优秀电视剧奖。这说明架空历史本身不是问题，只是架空剧所反映出来的精神内核、思想内涵十分重要。

目前古装剧主要存在以下问题。

1. 宣扬不正确的历史观

例如，违背基本历史定论，任意曲解历史；对历史尤其是革命历史进行恶搞或过度娱乐化表现。古装剧在表现传统文化、重铸传统美学、传承民族文化方面有着天然优势，因此深受观众喜爱。然而需要警惕的是，由于部分创作者缺失正确的历史观、文化观，一度非常火爆的宫斗剧极易把观众拖离历史现场，拖离优秀传统文化的场域。

还有部分古装剧出现了严重不符合真实历史的内容，在题材选择和审美趋向上，存在皇权崇拜、暴力崇拜和阴谋权术崇拜，缺少正确的价值理念，这集中表现在宫廷剧和帝王剧上。

2. 对历史人物、名著、民间传说进行随意篡改

古装题材，特别是非架空题材影视剧往往对应了我国特定的历史阶段，如果在影视剧中出现过于随意的篡改，不仅容易让受众产生极为强烈的不适感，也容易对缺乏分辨能力的青少年的历史观造成负面影响。

有部分由民间传说改编的网络影视剧还存在肆意篡改后产生的新问题。如改编自《白蛇传》的《天乩之白蛇传说》增加了法海和尚与青蛇的爱情故事，曲解佛教僧人形象，涉及敏感的宗教问题，作品也因为内容原因被下架。

3. 宣扬封建迷信

2018年下架的网剧中，有部分网剧就是因为涉嫌宣扬封建迷信，例如《惊魂派对》《深夜18楼》。

4. 过分低俗夸张

部分古装剧只是批了层古装的外衣，其内核仍然是现代剧，这往往导致其剧情严重脱离历史背景，较为夸张，一旦夸张过度，就显得较为低俗。

除了古装历史剧外，革命历史剧往往取材于中国近现代革命史，是为弘扬革命历史、纪念或怀念革命史上的先辈而创作的，具有鲜明的思想指向和积极的教育宣传功能。但也有部分以民国时期为背景的剧过于悬浮，部分抗战题材的剧过于夸张，如一度广受争议的"手撕鬼子"。

（三）超现实题材

超现实题材影视剧在网络影视剧中也占有一定的比例，玄幻、科幻、魔幻题材的影视剧也很常见。从网络影视剧的监管引导层面，国家和行业均鼓励制作优秀的古装题材影视剧，传播中国传统优秀文化，也鼓励制作现实题材影视剧，多关注社会，多关心观众关心的现实话题，这样作品更接地气，更容易树立正确的价值导向。但文艺创作还是鼓励百花齐放，影视剧也应该兼顾受众多样化的需求，因此超现实题材的影视剧并不是不允许制作，只是在内容导向上不应该出现偏差，过于虚幻。仅强调感官刺激的超现实题材影视剧容易出现价值"空心化"和"虚幻化"问题，这对受众心理健康的影响是极为负面的。

超现实题材的网络影视剧涉及的不良因素主要有：封建迷信思想和行为的传播、丧文化传播、感官刺激、色情低俗等。

（四）现实题材

2020年前三季度中国现实题材剧目发行数量为85部，发行集数为3178集。制作优良的现实题材剧非常受观众欢迎，从风靡一时的《人民的名义》《扫黑风暴》等剧就可以看出观众对此类题材影视剧的热爱。

对现实题材剧的审核应关注其对社会负面内容的呈现方式。在审核中应该注意两种倾向：一是求安全，凡是涉及社会负面事件的就不拍；二是求流量，用"现实题材"作为表皮，实际上是借公众的猎奇心理，借对社会阴暗面的大尺度表现等来博取关注。

社会上的负面内容当然是可以拍的。2014年10月15日，习近平总书记在文艺工作座谈会上指出："社会上还有许多不如人意之处，还存在一些丑恶现象。对这些现象不是不要反映，而是要解决好如何反映的问题。文艺创作如果只是单独记述现状、原始展示丑恶，而没有对光明的歌颂、对理想的抒发、对道德的引导，就不能鼓舞人民前进。"

从上述讲话可以看出，现实题材剧应该以"真实性原则"为条件，其落脚点应该在于"建设性批评"，不能一味渲染阴暗面，不能使影视剧成为宣泄和引导负面情绪的场域。2018年的网剧《罪途》，2020年的网剧《沉默的真相》，它们对现实的反映就较为合理，符合国家的导向要求。

虽然社会上的负面现象可以在网络影视剧中呈现，但应该考虑负面现象的呈现是否确有必要，对情节推动毫无意义的负面现象的呈现就属于多余的呈现。如果确实出于推动情节的需要，那么在呈现负面现象的同时应注意考虑以下问题：

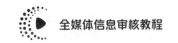

1. 慎重处理负面现象呈现的原因和导向

对于社会上的负面现象，网络影视剧不能为了表现而表现，也不能基于满足受众的猎奇心理，或者基于吸引关注度的目的去表现。在对负面现象进行表现时，应通过情节、画面、文字等元素反映出对负面现象的批判，进而引起受众的反思。

2. 注意具体的呈现方法和程度

对于较为具体的负面现象，如涉及某个地区、某类群体、某个人的负面现象，在呈现时要慎重处理。涉及吸毒、赌博、色情、贪腐等的负面现象，应注意呈现的程度，不应该对负面现象有过分细致的描述，如展示吸毒后场景的情节就应该尽量模糊化。

在整个影视剧中，表现负面现象的情节所占比例不宜过大。对负面现象的呈现应注意服从情节发展的需要，不应过度渲染负面现象，更不应该借此强化感官刺激。

3. 注意形成正确的价值导向

对于必须呈现的负面现象，在价值导向上应该注意进行正面引导，其最终呈现效果应该能帮助受众意识到这些负面现象的危害，引发受众的批判和深思，而不应该让受众产生艳羡心理，甚至让受众产生跃跃欲试的心态，这样在价值导向上就明显偏离了正常轨道。

（五）动漫题材

1. 动漫题材的特点

动画片的受众主要是少年儿童，它是少年儿童快乐生活、健康成长的重要伴侣，是提高我国人口素质的关键一环。动画片应该帮助儿童在思想、性格、智力、体魄等方面全面发展，起到启迪智力、陶冶情操、培养良好品德的作用，不能传播不健康的人生观、价值观。随着互联网的发展，我国动漫产业也快速发展。动漫的受众既有少年儿童，也有成年人，其基于内容形态的共生，在我国形成了影响较大的二次元文化消费形态。

第六章　网络视听节目内容的审核

2. 动漫题材的审核依据

除了遵守网络影视剧的审核依据及规范要求以外，针对动漫作品的审核，还应该注意遵守《中华人民共和国未成年人保护法》以及《关于加强未成年人参与的广播电视节目管理的通知》的规定，对此类题材的网络影视剧应该提高审核标准。

3. 动漫中的常见问题

2021年4月，《迪迦奥特曼》被家长举报的新闻一度引发广泛关注。2021年4月6日，江苏省消保委发布《动画领域侵害未成年人成长安全消费调查报告》，列举了21部存在暴力犯罪元素的动画片，其中就包含家喻户晓的《迪迦奥特曼》。事情发酵后，广电总局发布了一则公告，表示支持符合条件的互联网视听节目服务机构依法依规制作、引进、播出内容健康向上、弘扬真善美的优秀动画片，坚决抵制含有暴力血腥、低俗色情等不良情节和画面的动画片上网播出；要求各互联网视听节目服务机构办好"儿童频道""青少专区"，进一步规范节目内容，优化节目编排，为青少年健康成长营造良好的网络视听空间。

被文化部门查处的违法违规网络动漫主要包含以下内容：

第一，涉及暴恐内容，宣扬以暴制暴思想，美化渲染暴力、恐怖袭击和犯罪活动。《画江湖之换世门生》这部动画一开头就是帮派火拼的大场面，暴力色情场面展现过多，有美化黑社会之嫌，与社会主流价值观严重不符。

第二，展现的画面过于血腥恐怖，令正常人极度不适。《双生灵探》是一部主打灵异悬疑的动画，包含了较多的灵异和恐怖元素，2018年第一次审核就没有通过。《生死回放》根据漫画改编，靠犯罪事件来推动剧情发展，宣扬灵异、暴力是其下架的主要原因。

第三，以色情元素吸引关注，整体格调极为低俗。进口动漫特别是日本动漫中存在一些过于明显的色情元素，被下架的较多。

第四，美化、传递不正确的价值观。《灵契》这部动画虽然主打玄幻、热血、战斗和友情的牌子，但实际上存在较多刻意"卖腐"的情节。

第二节 网络视听纪实类及综艺类节目审核的依据及主要规范

一、网络视听纪实类及综艺类节目的发展状况

2021年6月，国家广电总局发布《关于公布2021年第一季度优秀网络视听作品推选活动评审结果的通知》，经审核，最终确定了24部入选作品，其中包括网络剧3部、网络电影2部、网络纪录片10部、网络综艺节目3档、网络动画片1部、短视频5个。入选的10部网络纪录片分别是《中国脱贫故事》《劳生不悔》《国宝皆可潮》《战疫启示录》《五个武汉人的2020》《小康博物馆》《汉字叔叔》《奇妙之城》《从前有座山》《米尔斯探秘生态中国》。

随着手机影像日趋专业化，"手机纪录片"这一全新概念在我们身边悄然升温，手机记录已从"不可能"变成肯定式，手机影像为我们带来了全新的创作空间。影像时代，人人都可成为纪录片的创作者，拿起手机，让手机成为表达载体，对身边人、身边事、身边景进行记录，从叙事到后期制作，全程轻装上阵。

网络综艺节目指只在网络平台播出的综艺节目。近年来网络综艺节目如雨后春笋般不断发展壮大，节目题材非常多样化，广受青少年群体的欢迎。2020年中国网络综艺节目上新数量达212档，较2019年增加了70档，同比增长49.3%。疫情期间上线了较多云录制综艺，节目品质整体较好，题材更加细分，覆盖了更多受众。

网络综艺节目中，真人秀类型的节目网民关注度最高，在2020年上线的排名前十位的网络综艺节目基本都是真人秀节目。在2020年后期，网络综艺节目的内容也逐步开始多元化，类型和题材均较为丰富，涌现出不少紧贴社会时事、关心社会问题、能够较好把握时代发展需求的传递主流价值观的节目。早期的网络综艺节目中户外竞技类、歌舞类、偶像养成类，以及才艺表演类较

多，这些年来生活体验类、职场类、文化历史类、推理类、少儿家庭类等类型的网络综艺节目也开始广为流行。受疫情影响，网上出现了一系列优秀的反映抗击疫情的综艺节目；在建党百年、脱贫攻坚的背景下，网络综艺节目中出现了适应时代发展要求的新内容；在奥运会、冬奥会的影响下，体育类的综艺节目也较受欢迎。总体上，网络综艺节目经过多年发展，加上国家政策的监督引导，以及市场发展的推动，出现了许多能够较好反映时代特色、能够更好地彰显媒体社会责任感的好节目，这些优秀节目能够较好地烘托主题宣传的氛围，能够较好地引领积极向上的舆论导向，反映出网络综艺节目只要制作精良，一样可以充分发挥其时代价值。

二、网络纪录片的审核依据及规范要求

纪录片是以真实生活为创作素材，以真人真事为表现对象，并对其进行艺术的加工与展现，以真实为本质和核心，用真实引发人们思考的电影或电视艺术形式。

基于纪录片的类型特点，即使是网络纪录片，其内容中呈现的时间、地点、人物、事件、图片、评述等要素，都必须遵循真实性原则。因此，除了遵守网络视听内容审核的一般规则外，对网络纪录片的审核主要在于确认其真实性。

辩证唯物主义和历史唯物主义是马克思主义的精髓，马克思主义新闻观要求我们，对任何历史人物和历史事件都应当辩证地看、历史地看，用辩证唯物主义和历史唯物主义来观察问题、分析问题、解决问题。

中华人民共和国的成立和发展，经历过无数的艰难、曲折和坎坷，我们的国家和党今天之所以有力量、有活力、有希望、得人心，一个重要的原因就是是非分明，对的就坚持，错的就改正，以人民的历史实践作为检验真理的最高标准，不断地推进自我革命，不断地通过坚持真理、修正错误来校正方向，一步步发展壮大，保证党的路线方针政策的正确，国家的民主与法制也逐步完善。

纪录片有涉及党和国家领导人、历史政治人物、敏感人物的内容时，应遵

照中共中央宣传部、国务院新闻办公室的有关规定，以及《中国共产党中央委员会关于建国以来党的若干历史问题的决议》，原则上一律不允许个人上载时政类视听新闻节目。

网络纪录片必须坚守社会责任，不能传播法律法规禁止的信息，不能传播危害未成年人健康、违背社会公德的内容以及血腥、暴力、淫秽、色情、低俗类有害内容。

三、网络综艺节目的审核依据及常见问题

（一）网络综艺节目的审核依据

近些年虽然涌现出不少优秀的网络综艺节目，但由于过去业内规范不够成熟，网络综艺节目也经历过一段野蛮生长的时期，网络综艺节目的数量快速增长的同时，也出现了过度娱乐化、低俗媚俗、追逐流量明星的不良趋势。习近平总书记指出：网络空间是亿万民众共同的精神家园，网络空间天朗气清、生态良好，符合人民利益。网络空间乌烟瘴气、生态恶化，不符合人民利益。总书记还提出：我们要本着对社会负责、对人民负责的态度，依法加强网络空间治理，加强网络内容建设，做强网上正面宣传，培育积极健康、向上向善的网络文化。

《网络视听节目内容审核通则》中对网络视听节目的界定包含了网络综艺节目，因此该通则对网络视听节目的要求同样适用于网络综艺节目。《网络综艺节目内容审核标准细则》针对网络综艺节目的特点，制定了94条具有较强操作性的审核标准。

随着网络视听节目的深入发展，近几年国内网络综艺迎来井喷，各大视频网站常年保持着旺盛的节目输出，但同时网络综艺也面临着结构失衡、文化失位、价值失范等产业风险。

2020年2月21日，在广电总局网络视听节目管理司的指导下，中国网络视听节目服务协会联合爱奇艺、优酷、央视网、快手等视听节目网站制定

了《网络综艺节目内容审核标准细则》。

《网络综艺节目内容审核标准细则》是针对网络综艺领域的专门管理规定，对之前已经发布的《网络信息内容生态治理规定》、《互联网视听节目服务管理规定》、《网络音视频信息服务管理规定》和《网络视听节目内容审核通则》等法律法规做出了很好的衔接和补充。

《网络综艺节目内容审核标准细则》围绕访谈及脱口秀、偶像养成、情感交友、生活体验、少儿亲子、专业竞技、游戏比赛等几乎所有网络综艺节目类型，从主创及出镜人员选用、出镜人员言行举止，到造型、道具、舞美布设，文字语言使用，节目制作包装等不同维度，提出了94条具有较强实操性的标准。

94条实操性标准，除了30条"通用细则"外，还包括64条"分类细则"，其中访谈及脱口秀类节目问题15条，选秀及偶像养成类节目问题10条，情感交友类节目问题7条，少儿亲子类节目问题15条，生活体验类（旅行、美食等）节目问题4条，专业竞技类（益智、体育、科技、艺术等领域）节目问题2条，游戏比赛类节目问题3条，角色扮演的故事推理、演绎类节目问题6条，游戏改编类节目问题2条。

（二）网络综艺节目的常见问题

1. 节目内容偏离正确的导向

早在2018年，国家广播电视总局办公厅就下发了《关于做好暑期网络视听节目播出工作的通知》，指出对于偶像养成类节目、社会广泛参与选拔的歌唱才艺竞秀类节目，要组织专家从主题立意、价值导向等方面进行严格评估，确保节目导向正确、内容健康向上方可播出，坚决遏止节目过度娱乐化和宣扬拜金享乐、急功近利等错误倾向。

目前，部分网络综艺节目的内容偏离了正确导向，例如，在访谈及脱口秀类节目中"以讨论明星个人婚恋、生育、纠纷、绯闻等生活隐私，或展示奢侈生活、豪华婚礼、子女天价教育等为话题和主要内容"。

2. 节目创作和制作偏离正确的导向

例如，选秀及偶像养成类节目中设置"花钱买投票"环节，刻意引导、鼓励网民采取购物、充会员等物质化手段为选手投票、助力；主持人、嘉宾介绍或评价选手、节目参与人员时，使用带有侮辱性、歧视性的言语，或者连带侮辱、歧视某一特定群体的语言；有未成年人参与选秀类节目。

情感交友类节目中宣扬拜金主义、奢靡之风、享乐主义；以婚恋交友、感情考验为幌子，对节目参与人员进行各种人性测试，揭露人性弱点。

少儿亲子类节目中出现少儿着装暴露或模仿某些成年人装扮，不利于其身心健康成长的情况；集中展现或宣扬炫富、享乐主义等不利于未成年人身心健康的价值观。未成年人节目宣扬童星效应或者包装、炒作明星子女。

游戏比赛类节目中，对于存在安全隐患的游戏，在比赛环节设置中没有安全指导或安全提示；人为激化矛盾，故意制造低俗噱头。

3. 主创及出镜人员的选用问题

《网络综艺节目内容审核标准细则》提出：综艺节目的主创及出镜人员，不得选用因丑闻劣迹、违法犯罪等行为造成不良社会影响的艺人；不得出现不当选用外国国籍或港澳台籍人士的情况。

在网络视听节目的审核工作中，应对存在违法、违规、违背社会公德等不良行为的艺人予以高度关注，对于存在吸毒、强奸、逃税漏税等严重犯罪行为的艺人，不予选用，已经选用的，必须按照规范要求对节目进行处理。

4. 出镜人员言行举止问题

例如：出镜人员出现语言或行为低俗、恶搞等不文明情况；主持人、嘉宾发表拜金主义、享乐主义言论。

5. 造型（服装、化妆）、道具、舞美等布设问题

例如，综艺节目在非内容必需的情况下，布设过于夸张怪异；布设存在安全隐患；布景、服装、道具上出现反动、违法、违规的元素；布景、服装、道具上或者制作完成的节目视频窗口里，出现低俗、性暗示元素；使用成人用品或毒品等违禁品作为道具；出镜人员穿着并非节目场景或内容必需的、刻意展示性感和性吸引力的服装。

6. 文字语言使用问题

例如，对综艺节目的标题、字幕（包括花字形式的字幕）等进行不当改编；非节目内容必需，大量使用网络语言；使用网络戏谑语言称呼国内外政要和公众人物；除书法题写的片名及相关文字外，节目中文字幕使用不规范汉字；对外文歌曲歌词、外文标题和台词、有特定含义的词汇和标识等，应加而未加中文字幕（部分外文有多种含义）；使用脏字脏词或挑逗性、侮辱性、谩骂性言辞。

7. 节目制作包装问题

例如，综艺节目在制作包装过程中，对节目内容进行背离意愿的剪辑、拼接；使用消音或哔音掩盖节目中的低俗语言，制造强调和突出效果；在节目后期制作合成过程中，使用含有阻挠祖国统一和破坏、攻击社会主义制度的人员或标识的视频、图片、文字作为素材。

第三节　网络直播节目审核的依据及主要规范

一、网络直播节目审核的依据

网络直播以其内容和形式的直观性、即时性和互动性，在促进经济社会发展、丰富人民群众精神文化生活等方面发挥了重要作用。随着移动互联网新技术新应用的迭代升级，网络直播行业进入了快速发展期，其媒体属性、社交属性、商业属性、娱乐属性日益凸显，深刻影响网络生态。与此同时，网络直播行业存在的主体责任缺失、内容生态不良、主播良莠不齐、充值打赏失范、商业营销混乱、青少年权益遭受侵害等问题，严重制约网络直播行业健康发展，给意识形态安全、社会公共利益和公民合法权益带来挑战，必须高度重视、认真解决。

2020年，国家广播电视总局发布《关于加强网络秀场直播和电商直播管理的通知》，要求：网络秀场直播平台、电商直播平台要坚持社会效益优先的正确方向，积极传播正能量，展现真善美，着力塑造健康的精神情趣，促进网络视听空间清朗。要积极研究推动网络视听节目直播服务内容和形式创新，针对受众特点和年龄分层，播出推荐追求劳动创造、展示有益才艺和健康生活情趣等价值观积极的直播节目。以价值观为导向打造精品直播间板块或集群，让有品位、有意义、有意思、有温度的直播节目占据好位置，获得好流量。要切实采取有力措施不为违法失德艺人提供公开出镜发声机会，防范遏制炫富拜金、低俗媚俗等不良风气在直播领域滋生蔓延，冲击社会主义核心价值观，污染网络视听生态。

为切实加强网络直播行业正面引导和规范管理，保护广大网民合法权益，倡导行业加强网络文明建设，培育向上向善的网络文化，践行社会主义核心价值观，促进网络直播行业健康有序发展，2021年初，国家互联网信息办公室、全国"扫黄打非"工作小组办公室、工业和信息化部、公安部、文化和旅游部、国家市场监督管理总局、国家广播电视总局等七部委联合发布《关于加强网络直播规范管理工作的指导意见》。

（一）明确总体要求

全面贯彻党的十九大和十九届二中、三中、四中、五中全会精神，以习近平新时代中国特色社会主义思想为指导，坚持正确政治方向、舆论导向、价值取向，坚持依法办网、依法治网，准确把握网络直播行业特点规律和发展趋势，有效解决突出问题、难点问题、痛点问题，科学规范行业运行规则，构建良好产业生态，为广大网民特别是青少年营造积极健康、内容丰富、正能量充沛的网络直播空间。

（二）督促落实主体责任

1. 压实平台主体责任

网络直播平台提供互联网直播信息服务，应当严格遵守法律法规和国家有关规定；严格履行网络直播平台法定职责义务，落实网络直播平台主体责任清单，对照网络直播行业主要问题清单建立健全和严格落实总编辑负责、内容审核、用户注册、跟帖评论、应急响应、技术安全、主播管理、培训考核、举报受理等内部管理制度。

依据2020年《国家广播电视总局关于加强网络秀场直播和电商直播管理的通知》要求：开办网络秀场直播或电商直播的平台要切实落实主体责任，着力健全网络直播业务各项管理制度、责任制度、内容安全制度和人资物配备，积极参与行风建设和行业自律，共同推进网络秀场直播和电商直播活动规范有序健康发展。上述平台应于2020年11月30日前，将开办主体信息和业务开展情况等在"全国网络视听平台信息管理系统"登记备案。

2. 明确主播法律责任

自然人和组织机构利用网络直播平台开展直播活动，应当严格按照《互联网用户账号名称管理规定》等有关要求，落实网络实名制注册账号并规范使用账号名称。

网络主播依法依规开展网络直播活动，不得从事危害国家安全、破坏社会稳定、扰乱社会秩序、侵犯他人合法权益、传播淫秽色情信息等法律法规禁止的活动；不得超许可范围发布互联网新闻信息；不得接受未经其监护人同意的未成年人充值打赏；不得从事平台内或跨平台违法违规交易；不得组织、煽动用户实施网络暴力；不得组织赌博或变相赌博等线上线下违法活动。

网络秀场直播平台应建立直播间和主播的业务评分档案，细化节目质量评分和违规评分等级，并将评分与推荐推广挂钩。要做好主播尤其是头部主播政策法律法规和相关知识培训。对于多次出现问题的直播间和主播，应采取停止推荐、限制时长、排序沉底、限期整改等处理措施。对于问题性质严重、屡教不改的，关闭直播间，将相关主播纳入黑名单并向广播电视主管部门报告，不允许其更换"马甲"或更换平台后再度开播。

3. 强化用户行为规范

网络直播用户参与直播互动时，应当严格遵守法律法规，文明互动、理性表达、合理消费；不得在直播间发布、传播违法违规信息；不得组织、煽动对网络主播或用户的攻击和谩骂；不得利用机器软件或组织"水军"发表负面评论和恶意"灌水"；不得营造斗富炫富、博取眼球等不良互动氛围。

（三）确保导向正确和内容安全

1. 提升主流价值引领

网络直播平台应当坚持把社会效益放在首位、社会效益和经济效益相统一，强化导向意识，大力弘扬社会主义核心价值观，大力扶持优质主播，扩大优质内容生产供给；培养网络主播正确的世界观、价值观、人生观，有效提升直播平台"以文化人"的精神气质和文化力量。

2. 切实维护网民权益

网络直播平台应当严格遵守个人信息保护相关规定，规范收集和合法使用用户身份、地理位置、联系方式等个人信息行为；充分保障用户知情权、选择权和隐私权等合法权益；依法依规引导和规范用户合理消费、理性打赏；依法依规留存直播图像、互动留言、充值打赏等记录；加大对各类侵害网民权益行为的打击力度，切实维护网络直播行业秩序。

3. 加强未成年人保护

网络直播平台应当严禁为未满16周岁的未成年人提供网络主播账号注册服务，为已满16周岁未满18周岁未成年人提供网络主播账号注册服务应当征得监护人同意；应当向未成年人用户提供"青少年模式"，防范未成年人沉迷网络直播，屏蔽不利于未成年人健康成长的网络直播内容，不得向未成年人提供充值打赏服务；建立未成年人专属客服团队，优先受理、及时处置涉未成年人的相关投诉和纠纷，对未成年人冒用成年人账号打赏的，核查属实后须按规定办理退款。

4. 筑牢信息安全屏障

网络直播平台应当建立健全信息安全管理制度，严格落实信息内容安全管理责任制，具备与创新发展相适应的安全可控的技术保障和防范措施；对新技术新应用新功能上线具有舆论属性或社会动员能力的直播信息服务，应严格进行安全评估；利用基于深度学习、虚拟现实等技术制作、发布的非真实直播信息内容，应当以显著方式予以标识。

5. 严惩违法违规行为

坚决打击利用网络直播颠覆国家政权、散播历史虚无主义、煽动宗教极端主义、宣扬民族分裂思想、教唆暴力恐怖等违法犯罪活动；严厉查处淫秽色情、造谣诽谤、赌博诈骗、侵权盗版、侵犯公民个人信息等违法犯罪行为；全面清理低俗庸俗、封建迷信、打"擦边球"等违法和不良信息。

（四）建立健全制度规范

1. 强化准入备案管理

开展经营性网络表演活动的直播平台须持有网络文化经营许可证（见图6-2）并进行ICP备案；开展网络视听节目服务的直播平台须持有信息网络传播视听节目许可证（或在全国网络视听平台信息登记管理系统中完成登记）并进行ICP备案；开展互联网新闻信息服务的直播平台须持有互联网新闻信息服务许可证（见图6-3）。网络直播平台应当及时向属地网信等主管部门履行企业备案手续，停止提供直播服务的平台应当及时注销备案。

图6-2　网络文化经营许可证

图 6-3 互联网新闻信息服务许可证

2. 构建行业制度体系

网络直播平台应当建立健全和严格落实相关管理制度。建立直播账号分类分级规范管理制度,对主播账号实行基于主体属性、运营内容、粉丝数量、直播热度等因素的分类分级管理;针对不同类别级别的网络主播账号应当在单场受赏总额、直播热度、直播时长和单日直播场次、场次时间间隔等方面合理设限,对违法违规主播实施必要的警示措施。建立直播打赏服务管理规则,明确平台向用户提供的打赏服务为信息和娱乐的消费服务,应当对单个虚拟消费品、单次打赏额度合理设置上限,对单日打赏额度累计触发相应阈值的用户进行消费提醒,必要时设置打赏冷静期和延时到账期。建立直播带货管理制度,依据主播账号分级规范设定具有营销资格的账号级别,依法依规确定推广商品和服务类别。

3. 发挥行业组织作用

网络社会组织要积极发挥桥梁纽带作用,大力倡导行业自律,积极开展公益活动,参与净化网络直播环境、维护良好网络生态。建立健全网络主播信用评价体系,为网络直播行业健康有序发展营造良好氛围。

二、典型网络直播节目的审核要求

（一）主播注册与开播审查

成为主播前，必须登记包括但不限于真实姓名、联系电话、身份证号码等相关信息，要求签署直播协议，明确权利义务，同时进行人脸认证，以保证"人证一致、有案可查、有据可依"。

平台除严格规定"具备什么资质可以开播"之外，也应对"什么资质的用户完全无法开播"制定相应标准。以下用户通常不允许进行主播注册和开播：不满18岁的未成年人；港澳台、外籍人士（需向监管部门报备同意）；曾被列入身份证黑名单的用户等。身份证黑名单用户均为严重违规用户，拉黑身份证时，对其身份证认证过的历史账号，也应采取相应措施，甚至做永久封禁账号处理。

对于网络直播的主播，设立了互联网营销师和直播销售员的证书要求，以便更好地进行资质审查。

网络平台应当积极引入主流新闻媒体和党政军机关团体等机构开设账户，提高正面优质短视频内容供给。

（二）直播内容的审核

例如，在监管部门"禁止一切色情、大尺度、带有性暗示直播内容"的要求和方针下，今日头条、抖音短视频、西瓜视频和火山小视频的直播审核系统列出了目前已知的所有带有性暗示的行为，如色情偷拍、展示动物性行为、两性话题等。针对每一个违规行为，直播平台会根据严重程度给予中断到永久封禁的不同处罚。

此外，社会公序良俗也在平台制定审核标准的考量范围内。哗众取宠、恶搞、拜金、抽烟喝酒、迷信封建、侮辱女性等内容，都被直播平台严厉禁止。

面对层出不穷、花样百出的违规行为，审核标准应不断进行调整和更新。直播平台的运营人员应定期根据一线审核人员反馈的案例和运营需求更新标准。一旦有突发的舆情和指令，标准应可做到实时调整。

依据广电总局要求：开办网络秀场直播或电商直播的平台要落实管建同步的原则，把平台管理力量与直播间开办能力相匹配的要求精准落实到数到人。现阶段，相关平台的一线审核人员与在线直播间数量总体配比不得少于1∶50，要加大对审核人员的培训力度，并将通过培训的审核人员在"审核员信息管理系统"中进行登记。鼓励有能力的平台采取优于总体配比的要求加强审核能力建设，适应网上舆情变化对直播间和主播的监看审核力量进行动态调整强化。平台每季度应向省级广播电视主管部门报备直播间数量、主播数量和审核员数量。社会知名人士及境外人员开设直播间，平台应提前向广播电视主管部门报备。

1. 网络游戏直播的审核要求

游戏在上线前的出版工作归广电总局监管，上线后的运营工作归文化和旅游部监管。《网络表演经营活动管理办法》第六条指出，不能使用未取得文化行政部门内容审查批准文号或备案编号的网络游戏产品，进行网络游戏技法展示或解说。

2. 网络真人秀直播的审核要求

网络真人秀直播的内容较为多样化，对其进行审核除了遵循网络视听节目的一般审核要求外，还应基于真人秀直播的特点进行针对性审核。网络秀场直播平台要对直播间节目内容和对应主播实行标签分类管理，按音乐、舞蹈、唱歌、健身、游戏、旅游、美食、生活服务等进行分类标注。根据不同内容的秀场直播节目特点，研究采取有针对性的扶优罚劣管理措施。各秀场直播间均须在直播页面标注节目类别和直播间号码。主播改变直播间节目类别，须经网站审核，未通过审核不得擅自变更。

从内容而言，网络真人秀直播中较为常见的问题有恶搞、色情、低俗、迷信。网上一度非常火爆的"papi酱"系列视频曾经因为主持人时常爆粗口，被广电总局勒令整改。根据群众举报和专家评审结果，广电总局要求该节目进行下线整改，去除粗口低俗内容，符合《网络视听节目内容审核通则》的要求后，才能重新上线。此前，广电总局已对多部低俗网络节目进行整治。

对明星子女的过度宣传和炒作让更多未成年人加入真人秀节目中，对少数有未成年人参与的节目要坚决杜绝商业化、成人化和过度娱乐化的不良倾向以及侵犯未成年人权益的现象。

3. 电商直播的审核要求

网络电商直播平台须严格按照网络视听节目服务管理的相关规定开展视听内容服务，不得超出电子商务范围违规制作、播出与商品售卖无关的评述类等视听节目。以直播间、直播演出、直播综艺及其他直播节目形式举办电商节、电商日、促销日等主题电商活动，应按照网络视听节目直播服务管理的有关规定，提前14个工作日将活动嘉宾、主播、内容、设置等信息报广播电视主管部门备案。鼓励网络电商直播平台通过组织主题电商活动助力经济发展、民生改善、脱贫攻坚、产业升级和供需对接。

网络电商直播平台要对开设直播带货的商家和个人进行相关资质审查和实名认证，完整保存审查和认证记录，不得为无资质、无实名、冒名登记的商家或个人开通直播带货服务。平台须对相关信息的真实性定期进行复核，发现问题及时纠正。要对头部直播间、头部主播及账号、高流量或高成交的直播带货活动进行重点管理，加强合规性检查。要探索建立科学分类分级的实时动态管理机制，设置奖惩退禁办法，提高甄别和打击数据造假的能力，为维护诚信市场环境发挥积极作用。

各网络视听节目服务机构要严格落实企业主体责任，坚守诚信原则，坚决维护人民群众切身利益。要坚守底线、红线，节目中不得包含低俗、庸俗、媚俗的情节或镜头，严禁丑闻劣迹者发声出镜。网络视听电子商务直播节目和广告节目用语要文明、规范，不得夸大其词，不得欺诈和误导消费者。

总体上，依据广电总局《关于加强网络秀场直播和电商直播管理的通知》的要求：开办网络秀场直播和电商直播的平台要积极探索利用大数据、人工智能等新技术服务于鼓励倡导的直播节目，让算法支撑优质视听内容的推送，对违规不良内容实现精准预警和及时阻断。对点击量高、成交量虚高、"打赏"金额大、业务类别容易出问题的直播间，要建立人机结合的重点监看审核机制，跟踪节目动态，分析舆情和原因，及时采取措施，防止导向偏差和问题。

第四节 视听节目网站审核的依据及主要规范

一、视听节目网站审核的依据

随着网络视听产业急速发展，各种衍生问题不断出现，各种监管政策也不断出台。蓬勃、健康发展的网络视听产业不仅是行业遵从规律自身发展的结果，也是政府从规制层面进行引导的结果。我国网络视听产业目前形成了以国家广电总局为主导，以文化和旅游部、网信办、版权局等为合作发布部门，以中国网络视听节目服务协会、中国广播电视社会组织联合会等行业协会为补充的广电主导、多部协管、行业共管状态。

2017年6月30日，中国网络视听节目服务协会在京召开常务理事会，审议通过了《网络视听节目内容审核通则》。《网络视听节目内容审核通则》（下文简称《通则》）一共包括六个章节，分别为总则、审核原则、导向要求、节目内容审核标准、罚则和附则。

《通则》对网络视听节目做出了比较明确的界定：网络视听节目具体包括网络剧、微电影、网络电影、影视类动画片、纪录片和文艺、娱乐、科技、财经、体育、教育等专业类网络视听节目，以及其他网络原创视听节目。互联网视听节目服务相关单位须遵守《通则》的规定，不得传播《通则》禁止的内容。

（一）内容审核原则

《通则》确立了两大内容审核原则：先审后播原则和审核到位原则。其中，先审后播原则要求互联网视听节目网站建立内容播前审核制度及审核意见留存制度，明确所有网络视听节目内容必须经过专业审核员审核认定后才可以播出。审核到位原则主要强调：第一，审核员审核节目时应完整审看，包括片头、片尾等在内的全部内容均属于审看范围，不可以跳跃式进行；第二，所有网络视听节目内容的审看流程必须规范，必须经过两道以上的审核流程，以保证审核效果；第三，平台审核人员必须是专业审核人员，应该经过网络视听节目内容审核业务培训,考核通过后才可以从事节目内容审核工作。

(二) 导向要求

《通则》提出:互联网视听节目服务相关单位应坚持正确的政治方向,努力传播体现当代中国价值观念、体现中华文化精神、反映中国人审美追求的优秀作品。导向要求具体包括:坚持以人民为中心的创作导向;坚持以现实题材为主,贴近实际、贴近生活、贴近群众,记录时代发展和社会进步;大力弘扬中国优秀传统文化等。

二、视听节目网站审核的要素及常见问题

(一) 注重用户分级审核

按照目前法律法规的要求,视听节目信息的发布者必须在网站建立有用户注册登录信息库,特别是重点网站,应严格落实用户实名制,对用户实行实名制管理可以较好地提升审核效率。一个网络视听节目的发布应该至少经过三个环节:用户注册登录、内容上传、受众观看互动。基于审核到位的原则要求,审核应该全面覆盖用户行为的每个环节。

各互联网平台应该对本平台的注册用户进行使用记录备案,即在过往信息内容审核记录的基础上对全平台用户进行分类管理,以突出审核的针对性。通常基于用户的过往行为可以将其划分为三大基础类别:优质用户、风险用户和黑名单用户。

对于过往信息发布内容较为安全、没有不良记录的用户,可以建立优质用户库,在信息审核时为其建立快速通道,予以优先快速审核,缩短其信息发布的间隔时间,保证审核效率。应该将风险用户视为重点审核对象,予以细致审核。用户管理中要注意建立风险用户的筛选机制,可以将智能审核与人工审核相结合进行筛选。一方面,过往存在一些风险因素记录的用户可以直接选入风险用户库,着重管理;另一方面,以技术手段进行敏感内容过滤,将上传内容存在一定风险性的用户选入风险用户库。针对风险用户,系统自动进行内

容审核后，再由审核员对其发布的内容进行细致审核，严控风险。

对于以往发布的信息中出现过严重违规信息的用户，应该建立相应的黑名单用户库，结合其用户名及 IP 地址进行技术设置，建立系统精准拦截机制，对于其发布的信息迅速进行拦截。

（二）注意视听节目内容审核流程的规范性

用户分级管理可以提高审核效率，但按照规范要求，所有节目仍然需要遵循先审后播的原则，因此审核流程应该符合管理规范的要求。

用户上传信息之后，在对其进行分级管理的基础上先进行技术审核，主要采用敏感词过滤的方式进行审核，经过技术审核的比对后没有明显风险的信息内容进入人工审核环节。按照规范要求，人工审核环节必须由专业审核人员进行操作，且必须经历三次审核，以保证审核的效果。同时平台要注意建立总编辑把关、专项回查、受众投诉环节。

（三）注意内容审核要素的导向性和全面性

网络视听节目的审核首先要注意的是导向要求，在符合导向要求的前提下，对其情节、画面、台词、字幕、歌曲、音效、人物，以及制作方进行全面审核。涉及下列内容的，要聘请相关专家进行把关：

（1）涉及革命先驱及其他重要人物形象、少数民族语言文字、特定符号与标识使用以及图形、图表等；

（2）节目内容表现人民军队、武装警察、国安、公安、司法人员、医生、律师等特定职业、群体，以及社会组织、团体的；

（3）涉及特定历史时期、职业群体的服装、布景道具等。

就内容审核本身而言，应该关注四个方面：

1. 用户信息

用户信息方面，主要需关注用户名及用户头像的使用。在信息发布过程中，有些用户使用的用户名及头像可能出现违规信息，比如用户名中出现了与政治人物直接关联的用词等。

第六章　网络视听节目内容的审核

2. 视听节目的主题

视听节目的制作方、演职人员以及情节主题也是应予以高度关注的方面。特别是对于有不良记录的制作方，以及境外制作方参与节目制作的情况应该予以重点关注。对于反华、反党，以及对中国存在明显歧视的制作方应予以剔除。

3. 视频的图文信息

应特别关注视听节目的标题、内容简介、节目标签，以及封面图片等。这些图文信息往往比较直观，可以帮助审核员较为迅速地识别不良信息。

4. 视频的内容信息

视频的内容信息包括但不限于视听节目中出现的画面、声音、背景音效以及字幕等。

（四）视听网站审核中的常见问题

1. 涉及破坏国家统一和民族团结的

对于涉及破坏国家统一和民族团结的内容应予以高度重视。网站用户来源较为复杂，有些别有用心的用户会在网站中发布不当言论，煽动分裂国家，煽动民族仇恨。在审核时应对此类内容保持较高的敏感度。

对于常见的涉及分裂国家的标识以及人物图片、姓名等要较为熟悉，以便进行快速审核。关于破坏民族团结的因素，主要有对少数民族风俗、习惯及宗教信仰的丑化、娱乐化等。

2. 涉及传播邪教、恐怖主义的

邪教是指冒用宗教、气功或者其他名义建立，神化首要分子，利用制造、散布歪理邪说等手段蛊惑、蒙骗他人，发展、控制成员，危害社会的非法组织。恐怖主义是指通过暴力、破坏、恐吓等手段，制造社会恐慌、危害公共安全、侵犯人身财产，或者胁迫国家机关、国际组织，以实现其政治、意识形态等目的的主张和行为。邪教与恐怖主义都具有藐视生命价值、反社会、反人类、反科学的反动本质。

3. 涉及传播不正确的历史观、文化观，贬损历史人物和优秀文化传统的

网络视听节目所表现的历史与真实的历史并不完全一致，这是不可避免的，但是过度的"创作"和"架空"极易形成历史虚无主义。历史虚无主义者常以所谓的戏说、创作、改编为名，进行假设和歪曲历史文化的反理性思考，或者是过度夸大娱乐效果，容易扰乱人们思想信仰，甚至可能消解人们政治认同，动摇国家和民族根基。尤其是伴随经济全球化、信息化的发展，历史虚无主义的传播呈现出主体高知、形式多样、受众广泛等新特点，其渗透性和危害性更为突出。

虚无历史事实，诋毁英雄人物，从源头上否定中国文化，歪曲中华民族的文化归属和文化尊严，必然会造成历史文化传承的断裂，以及随之而来的民族特质的消融、民族自尊心的淡化和民族凝聚力的消解，对中华民族长期以来形成的价值规范产生认知障碍，对社会主义核心价值观难以形成认同，造成主流价值合理性的丧失。

4. 涉及淫秽低俗、暴力血腥的

网络视听节目审核中应注意画面、弹幕等，对于渲染暴力血腥、展示丑恶行为和惊悚情景的内容应该予以高度关注。展示淫秽色情，渲染庸俗低级趣味，宣扬不健康和非主流的婚恋观的内容也较为典型。

5. 涉及传播不正确的价值观的

网络视听节目所传播的不正确的价值观主要是颓废的价值观。比如，宣扬拜金主义和享乐主义，展示违背伦理道德的糜烂生活，宣传和宣扬丧文化、自杀游戏，展示同情和支持婚外情、一夜情，以上都属于宣扬不良、消极颓废的人生观、世界观和价值观的内容。

6. 涉及未成年人因素的

网络视听节目应该为未成年人营造健康、积极向上的网络空间，近年来青少年学生频繁上网课，而部分网课平台中存在不利于未成年人身心健康的信息。国家网信办于2020年7月13日启动为期2个月的"清朗"未成年人暑期网络环境专项整治，公布了相关的典型案例。

7家网站平台网课学习频道推送导向不良信息，故意利用色情低俗、暴力恐怖等有害内容引流：百度APP"轻松学"频道以诗歌学习为名，传播危害青少年身心健康、导向不良的视频；网易APP"易起上课"频道推送涉低俗色情、网络游戏、猎奇惊悚等违规和不良内容；哔哩哔哩网及其APP"校园学习"频道推送低俗色情、网络游戏、直播等违规和不良内容；爱奇艺"教育"频道推送恐怖题材游戏视频和八卦秘史等不良内容；腾讯网及其APP"小学""上课啦""开课"等频道推送涉网络游戏、娱乐综艺、网络小说、恋爱技巧等与学习无关的内容；今日头条APP"在家上课"频道推送涉同性恋等低俗不良内容；西瓜视频"在家上课"频道推送网络游戏、恐怖惊悚等不良内容。

网络视听节目平台，特别是以未成年人为主要服务对象的网络平台，应认清自身定位，履行社会责任，明确红线、底线，本着对广大未成年人高度负责的态度，大力提倡传播青少年课业知识和健康向上的正能量内容，严格禁止游戏、直播、恋爱、娱乐等与学习无关的内容，坚决打击淫秽色情、暴力血腥、诱导犯罪等危害青少年身心健康的信息，真正成为广大未成年人获取知识、健康成长的好伙伴、好帮手。

思考题

一、如何理解网络影视剧的审核要素？

二、按照规定，应该取得网络剧片发行许可证才能发行的网络影视剧一般有哪些？

三、网络影视剧审核的依据有哪些？

四、网络影视剧的审核要点一般有哪些？

五、网络纪实类节目的审核要点一般有哪些？

六、网络直播类节目的审核要点一般有哪些？

七、视听节目网站审核的要点一般有哪些？

第七章 短视频审核的技能与技巧

【目标】

通过本章的学习,学生应了解平台对短视频审核的基本要求,理解和掌握短视频审核的技能与技巧。

第一节 短视频审核的技能

一、人工审核与技术审核结合

网络平台对短视频的审核一般都是技术审核与人工审核相结合,由于短视频特别是直播节目上传的内容较为集中,审核工作应坚持速度和质量并重。

网络平台通常都会基于图片、语音、语义、文字等特征样本进行智能分类识别,分类内容再由人工进行后续审核。常见的审核内容一般包含视频、头像、评论,以及直播内容等。

人工审核分为三个阶段:初审一般是针对触犯法律的、不健康的内容进行审核;复审则是对视频细节进行再次审核;复审之后通常还需要由平台信息负责人员进行第三次审核。人工审核必须符合"三审"要求。

二、硬性规则与软性规则相结合

审核规则通常可以进一步细分为硬性规则和软性规则。硬性规则通常是关乎安全问题的规则,或者一些客观的问题,如清晰度、时长、专属领域。

软性规则可以随着短视频产品不同阶段的需求进行改变,而不同审核员的判断也会略有偏差，但不会有很大的出入。为保障审核效果，需要建立"三审"及投诉回看机制。

三、注重审核结果分类

经过技术审核和人工审核后，通常有不予发布、直接删除、仅自己可见、降权、封禁等操作，并会对视频操作和用户级操作进行区分。

四、强化审核质量检查

1. 平台应建立审核质量检查程序

针对审核工作，必须建立质量检查程序，且质检时需要识别审核结果是由哪个审核员做出的，属于哪种操作；也可以进行重点视频交叉审核，质量检查人员可以针对交叉审核结果不一致的部分进行研究，可能是规则模糊导致两个审核员的审核结果不一致，也可能是因为某一个审核员对规则的理解不透彻。

2. 建立审核指标

建立恰当的审核指标对于审核工作非常重要。审核最重要的是正确率，其次就是审核数量。对某个审核员进行考核时，可以看其各个操作数的比例是否和其他操作人员相同，如审核员甲、乙、丙三人，删除视频率分别是1%、1.2%、5%，那么就可以怀疑丙对规则的理解有偏差，应该对丙的审核结果进行复查。当针对审核工作整体进行考核的时候，可以对审核延时、整体送审量、过审量等进行考察，且同比观察数据，这样在流量高峰时期可以做到有备无患。

第二节　短视频审核的技巧

一、建立平台内部审核细则

网信办和国家广电总局颁发了许多文件和审核规范，而具体到不同的网络平台，其审核的侧重点是不同的，各类网络平台可以结合自身的服务重点，对各类规则进行进一步的设置。例如小红书、斗鱼、淘宝、抖音，其用户经常发布的短视频内容各有侧重，那么有针对性地设置规则将有效提高审查效率。

同时，由于国家颁发的审核规范主要是提供方向和指引，虽然确立了行为规则，但是不够具体，在操作层面仍需细化，因此网络平台需要建立有针对性的审核细则，为审核员提供更为具体的审核标准，便于审核员操作。

二、细化审核流程

短视频审核强调高效准确，大量短视频集中出现对平台是极为不利的，而不良信息的发布毫无疑问也是严重的问题。在具体审核时可以结合国家规范要求，从主要方面进行重点审核，以提高审核效率和准确性。

一是用户。网络平台应该根据以往的审核记录设置黑、灰、白名单。黑名单内的用户应该直接予以删除，灰名单内的用户应该予以重点关注。

二是标题。关注夸张式标题、与内容原意有偏差的标题、色情低俗标题以及有其他问题的标题（如标题含错别字或有语病等）。

三是封面。除标题外，封面也是用户第一眼看到的信息。一个优质的封面会提升用户点开短视频的概率，但封面中如果含有不良信息会带来严重的问题，所以封面审核也要严格把关。

四是内容。内容包括图片、文字等。娱乐类短视频绝不能出现恶意抹黑艺人或诽谤艺人的内容；一些动作亲密、穿着暴露的画面是不允许拍摄和传播的。

此外，网络平台可以根据过往审核记录设置敏感词汇库，并随时根据国家和行业要求进行更新。

三、适当引进领域专家进行把关

对于较为专业的领域，信息审核员所掌握的专业知识往往不够全面，不能很好地把握审核尺度。要提高审核的质量和效率，网络平台可以适当引进领域专家，对重要视频集中进行针对性审查。部分短视频平台已经设立了以下要求：

（1）文玩鉴赏类的直播必须通过报备，报备者需要有一定专业素养，是经过相关协会或机构认证的专业人士，未报备者将暂时关闭直播间；

（2）涉及展示宣传价值较高物品（如奢侈品、潮牌等）的内容，需获得合法授权或说明商品来源渠道，且需提前报备，未报备者将暂时关闭直播间；

（3）不允许私自播放射击、狩猎等相关直播内容，播放前需获得相关部门许可，或能证明所在场所的专业性，并获得直播场所负责人的直播许可，未报备者将暂时关闭直播间。

思考题

一、如何理解网络短视频审核的技巧？

二、应该注意从哪些方面增强网络审核的技能？

三、选择一个知名网络短视频平台，了解其网络短视频审核的平台规范。

第八章　全媒体内容审核的制度建设与标准

【目标】

通过本章的学习，学生应了解全媒体内容审核制度建设的要求，熟悉知名平台内容审核的基本标准。

在符合国家法律法规、网信办和国家广电总局规范要求的前提下，各网络平台都建立了自己的信息内容审核管理要求。

第一节　量化计分扣分管理

某知名直播平台对所有直播间采用了量化计分扣分管理方式。每个直播间扣分系统总分值为12分，管理期间将针对主播的违规行为进行相应扣分，当主播直播间分数低于4分（包括4分）时，系统将关闭该直播间的礼物系统，超级管理员将重点关注该直播间，当直播间分数为0分时，将永久封停该直播间。

严重违规的永久封停直播间；对于其他普通违规行为，根据各板块规则进行警告、处罚，并扣除相应分值。情节轻微扣1分，其他情况将根据违规程度给予扣除2-11分不等的处罚，情节特别严重者扣除所有分值，并永久封停直播间。

如果直播间分值低于12分，主播在整改后成功规范自己的直播内容、言行举止，并在连续3天的直播过程中，无扣分、无违规行为，表现良好，直播间热度值稳定，可加1分。对于频繁违规的直播间，其积分恢复将受到影响。

第二节　主播违规行为管理办法

某知名直播平台对违规行为进行了定义，具体如下所示。

一、严重违规

（一）严禁进行反党反政府或带有侮辱诋毁党和国家的行为

严禁进行反党反政府或带有侮辱诋毁党和国家的行为，包括且不限于：

（1）违反宪法确定的基本原则的；

（2）危害国家安全，泄露国家秘密，颠覆国家政权，破坏国家统一的；

（3）损害国家荣誉和利益的；

（4）煽动民族仇恨、民族歧视，破坏民族团结的；

（5）破坏国家宗教政策，宣扬邪教和封建迷信的；

（6）散布谣言，扰乱社会秩序，破坏社会稳定的；

（7）散布暴力、恐怖或者教唆犯罪的；

（8）煽动非法集会、结社、游行、示威及其他聚众扰乱社会秩序活动的；

（9）其他可能引起或已经引起不良影响的政治话题。

（二）严禁直播违反国家法律法规的内容

严禁直播违反国家法律法规的内容，包括且不限于：

（1）展示毒品样品、表演及传播毒品吸食或注射方式、讲解毒品制作过程等一切与毒品相关的内容；

（2）组织、宣传、诱导用户加入传销（或有传销嫌疑）的机构；

（3）与赌博或涉嫌赌博有关的任何活动，例如赌球、赌马、网络百家乐等；

（4）其他低俗涉黄行为，例如播放 AV、播放露点内容的影视、浏览或传播色情图片、直播包含色情内容的游戏、出售色情网盘资源等；

（5）严禁组织或参与诈骗的行为，例如宣传虚假广告信息、骗取他人钱财、冒充平台收取押金、兜售低价礼物等；

（6）违反《中华人民共和国国旗法》《中华人民共和国国歌法》《中华人民共和国国徽法》内容，造成不良社会影响；

（7）直播或间接（含引导至其他社交媒体）传播淫秽色情信息或淫秽色情表演，如诱导用户加入低俗色情粉丝群、福利群；

（8）违反野生动植物保护管理法规禁止内容，包括采摘、捕杀、食用或者售卖珍贵、濒危动植物（及其制品）和"三有"野生动物，违规破坏上述动物栖息地，在禁猎（渔）区域、禁猎（渔）期间，使用毒药等非法方法捕猎捕鱼，制作、交易、广告推广非法猎捕工具等。

（三）严禁进行威胁生命健康的表演或利用枪支、刀具表演

严禁进行威胁生命健康的表演或利用枪支、刀具表演，包括且不限于：

（1）使用刀具、仿真刀具、弩、枪支、仿真枪支作为直播道具，或表演具有高度危险性的节目；

（2）表演危害他人人身安全的内容，如殴打他人、威胁他人等；

（3）表演危害自身安全的内容或相关倾向，如自残、自杀、食用明显有害身体健康的食物等；

（4）严禁利用平台或其他社交媒体私下发布违法信息，包括且不限于涉黄、涉赌等不良内容；

（5）禁止歪曲、丑化、亵渎、否定英雄烈士的事迹和精神，以侮辱、诽谤或者其他方式侵害英雄烈士的姓名、肖像、名誉、荣誉；

（6）禁止调侃自然灾害、历史事件，发表相关不当言论；

（7）禁止宣扬或恶意炒作不正确或非主流价值观、人生观、世界观。

二、其他违规

（一）其他普通违规

（1）禁止播放一切无版权内容，包括且不限于影视、游戏、体育赛事、歌曲、演唱会等；

（2）禁止播放一切暴力、血腥、大尺度内容，包括且不限于影视、游戏等；

（3）未经允许，严禁盗播本平台其他主播的直播内容；

（4）严禁播放法律法规、相关监管部门规定的禁止播放的内容；

（5）严禁播放无意义直播内容，包括且不限于挂机、主播无自主行为意识（如直播睡觉）等；

（6）禁止播放国家明令禁止的视听内容；

（7）禁止以个人形式直播任何荐股行为，包括且不限于引导用户签订指导炒股协议、投资咨询合同，收取咨询费或指导费，禁止利用直播非法经营证券业务，或者为非法活动提供便利的行为；

（8）禁止对直播间或其他个人捏造事实、恶意虚假举报；

（9）禁止非官方渠道直播时政、社会新闻类内容；

（10）禁止利用深度学习、虚拟现实等新技术新应用从事法律禁止的活动。

（二）游戏相关内容

（1）严禁直播国家监管部门发布的禁播名单内的游戏；

（2）严禁直播扰乱游戏正常秩序的内容，例如直播或宣传游戏私服、外挂、漏洞、辅助等；

（3）传奇等部分类别游戏需取得官方授权进行直播，直播此类游戏需要先联系客服进行报备，无报备将暂时关闭直播间。

（三）平台直播内容行为规范

（1）严禁播放和宣传涉赌、涉毒、涉黄等违法行为的擦边类内容，以及暴力血腥、消极反动、色情的擦边内容；

（2）严禁直播任何低俗不良内容，或以此为噱头的相关擦边内容，包括且不限于以任何形式宣传"偷拍""站街女""车震""大保健""挖坟"等内容；

（3）严禁以任何形式直播涉赌或者相关擦边行为，如果是亲朋好友之间以娱乐为目的的棋牌娱乐，需提前报备，并在取得同意后直播，否则一律做关闭处理；

（4）严禁直播抽水烟、皮下注射等疑似吸食毒品的行为；

（5）严禁主播在成人娱乐场所直播，例如夜总会、洗浴中心等；

（6）严禁直播任何涉嫌违法行为，包括且不限于展示管制刀具、枪械，猎杀国家保护动物，私自盗掘古文化遗址、古墓葬、电鱼等，如有合法证件，需要联系客服进行报备，超管将对直播内容进行监控；

（7）严禁直播血腥、暴力、恶心等引起观众视听不适的内容，包括且不限于用不人道的方式虐待动物、过于血腥的屠宰镜头、展示伤口或身体残缺；

（8）严禁直播任何暴力血腥内容以及打架斗殴、上访游行等不和谐行为；

（9）严禁主播在机动车（包括汽车与电动车等所有上路行驶车辆）行驶期间手持直播工具进行直播，不得在驾驶过程中进行其他因直播对驾驶产生干扰的行为，如参与弹幕互动等，不得出现未系安全带、酒后驾驶、闯红灯、超速行驶、占用应急车道等违反交通规则的行为。

三、平台主播行为、着装规范

女主播最低着装标准如图 8-1 所示。

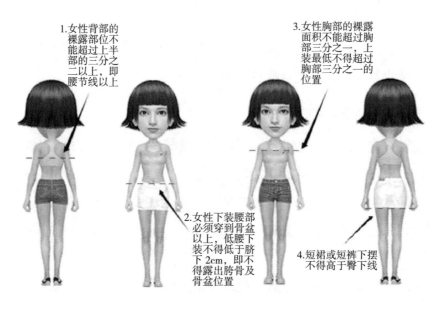

图 8-1　女主播最低着装标准

第八章　全媒体内容审核的制度建设与标准

（1）女主播服装不能过透过露，不能只穿比基尼及类似内衣的服装或不穿内衣，不能露出内衣或内裤（安全裤）；

（2）女主播背部的裸露部位不能超过上半部的三分之二以上，即腰节线以上；

（3）女主播下装腰部必须穿到骨盆以上，低腰下装不得低于脐下 2 cm，即不得露出胯骨及骨盆位置，短裙或短裤下摆不得高于臀下线；

（4）男主播不得只着下装或穿着内裤、紧身裤的服装直播，且裤腰不得低于胯骨；

（5）女主播胸部的裸露面积不能超过胸部的三分之一，上装最低不得超过胸部三分之一的位置；

（6）主播不得由上至下拍摄胸部等敏感部位，或由下至上拍摄腿部、臀部等敏感部位；

（7）主播不得长时间聚焦腿部、脚部等敏感部位；

（8）主播不得穿着情色服装或使人产生性联想的服装，包括但不限于大尺度 cosplay 服饰、情趣制服、SM 装束或印有低俗不当图案的衣服等；

（9）游戏分类（标签为游戏类别）主播摄像头不得超过游戏界面 1/3 且不得超过整体屏幕 1/4；

（10）主播不得进行具有挑逗性或诱导性的表演，包括且不限于脱衣舞等；

（11）特殊舞蹈（钢管舞、肚皮舞等）需先联系客服进行报备，报备者需要有一定专业素养，无报备者将暂时关闭直播间；

（12）主播不得进行带有性暗示的抚摸、拉扯、舔咬、拍打等动作，或使用道具引起观众对性敏感部位的注意，也不能利用身体上的敏感部位进行游戏，包括且不限于猜内裤的颜色、猜内衣的颜色、剪丝袜、直播脱穿丝袜、撕扯或剪衣服等；

（13）主播不得穿着中华人民共和国国家机关人员制服、军队制服，包括且不限于警服、军服、城管制服等，且不得刻意拍摄相关国家机关公务人员或军人，直播内容与此相关的情况下，必须先取得所属部门的直播许可，并且联系客服进行报备，无报备者将暂时关闭直播间；

（14）主播不得随意身着宗教相关服饰，需先联系客服进行报备，无报备者将暂时关闭直播间；

（15）直播内容与特殊行业、具有较高专业知识要求的行业（例如医生、律师等）相关的情况下，需先联系客服进行报备，无报备者将暂时关闭直播间。

思考题

一、平台直播内容行为规范应该从哪些方面把握？

二、选择一个知名网络平台，了解其网络审核的主要规范。

三、平台主播的行为及着装一般有哪些要求？

附　　录

中华人民共和国网络安全法

《中华人民共和国网络安全法》已由中华人民共和国第十二届全国人民代表大会常务委员会第二十四次会议于2016年11月7日通过，自2017年6月1日起施行。

第一章　总　　则

第一条　为了保障网络安全，维护网络空间主权和国家安全、社会公共利益，保护公民、法人和其他组织的合法权益，促进经济社会信息化健康发展，制定本法。

第二条　在中华人民共和国境内建设、运营、维护和使用网络，以及网络安全的监督管理，适用本法。

第三条　国家坚持网络安全与信息化发展并重，遵循积极利用、科学发展、依法管理、确保安全的方针，推进网络基础设施建设和互联互通，鼓励网络技术创新和应用，支持培养网络安全人才，建立健全网络安全保障体系，提高网络安全保护能力。

第四条　国家制定并不断完善网络安全战略，明确保障网络安全的基本要求和主要目标，提出重点领域的网络安全政策、工作任务和措施。

第五条　国家采取措施，监测、防御、处置来源于中华人民共和国境内外的网络安全风险和威胁，保护关键信息基础设施免受攻击、侵入、干扰和破坏，依法惩治网络违法犯罪活动，维护网络空间安全和秩序。

第六条　国家倡导诚实守信、健康文明的网络行为，推动传播社会主义核心价值观，采取措施提高全社会的网络安全意识和水平，形成全社会共同参与促进网络安全的良好环境。

第七条　国家积极开展网络空间治理、网络技术研发和标准制定、打击网络违法犯罪等方面的国际交流与合作，推动构建和平、安全、开放、合作的网络空间，建立多边、民主、透明的网络治理体系。

第八条　国家网信部门负责统筹协调网络安全工作和相关监督管理工作。国务院电信主管部门、公安部门和其他有关机关依照本法和有关法律、行政法规的规定，在各自职责范围内负责网络安全保护和监督管理工作。

县级以上地方人民政府有关部门的网络安全保护和监督管理职责，按照国家有关规定确定。

第九条　网络运营者开展经营和服务活动，必须遵守法律、行政法规，尊重社会公德，遵守商业道德，诚实信用，履行网络安全保护义务，接受政府和社会的监督，承担社会责任。

第十条　建设、运营网络或者通过网络提供服务，应当依照法律、行政法规的规定和国家标准的强制性要求，采取技术措施和其他必要措施，保障网络安全、稳定运行，有效应对网络安全事件，防范网络违法犯罪活动，维护网络数据的完整性、保密性和可用性。

第十一条　网络相关行业组织按照章程，加强行业自律，制定网络安全行为规范，指导会员加强网络安全保护，提高网络安全保护水平，促进行业健康发展。

第十二条　国家保护公民、法人和其他组织依法使用网络的权利，促进网络接入普及，提升网络服务水平，为社会提供安全、便利的网络服务，保障网络信息依法有序自由流动。

任何个人和组织使用网络应当遵守宪法法律，遵守公共秩序，尊重社会公德，不得危害网络安全，不得利用网络从事危害国家安全、荣誉和利益，煽动颠覆国家政权、推翻社会主义制度，煽动分裂国家、破坏国家统一，宣扬恐怖主义、极端主义，宣扬民族仇恨、民族歧视，传播暴力、淫秽色情信息，编造、传播虚假信息扰乱经济秩序和社会秩序，以及侵害他人名誉、隐私、知识产权和其他合法权益等活动。

第十三条　国家支持研究开发有利于未成年人健康成长的网络产品和服务，依法惩治利用网络从事危害未成年人身心健康的活动，为未成年人提供安全、健康的网络环境。

第十四条　任何个人和组织有权对危害网络安全的行为向网信、电信、公安等部门举报。收到举报的部门应当及时依法作出处理；不属于本部门职责的，应当及时移送有权处理的部门。

有关部门应当对举报人的相关信息予以保密，保护举报人的合法权益。

第二章　网络安全支持与促进

第十五条　国家建立和完善网络安全标准体系。国务院标准化行政主管部门和国务院其他有关部门根据各自的职责，组织制定并适时修订有关网络安全管理以及网络产品、服务和运行安全的国家标准、行业标准。

国家支持企业、研究机构、高等学校、网络相关行业组织参与网络安全国家标准、行业标准的制定。

第十六条　国务院和省、自治区、直辖市人民政府应当统筹规划，加大投入，扶持重点网络安全技术产业和项目，支持网络安全技术的研究开发和应用，推广安全可信的网络产品和服务，保护网络技术知识产权，支持企业、研究机构和高等学校等参与国家网络安全技术创新项目。

第十七条　国家推进网络安全社会化服务体系建设，鼓励有关企业、机构开展网络安全认证、检测和风险评估等安全服务。

第十八条　国家鼓励开发网络数据安全保护和利用技术，促进公共数据资源开放，推动技术创新和经济社会发展。

国家支持创新网络安全管理方式，运用网络新技术，提升网络安全保护水平。

第十九条　各级人民政府及其有关部门应当组织开展经常性的网络安全宣传教育，并指导、督促有关单位做好网络安全宣传教育工作。

大众传播媒介应当有针对性地面向社会进行网络安全宣传教育。

第二十条　国家支持企业和高等学校、职业学校等教育培训机构开展网络安全相关教育与培训，采取多种方式培养网络安全人才，促进网络安全人才交流。

第三章　网络运行安全

第一节　一般规定

第二十一条　国家实行网络安全等级保护制度。网络运营者应当按照网络安全等级保护制度的要求，履行下列安全保护义务，保障网络免受干扰、破坏或者未经授权的访问，防止网络数据泄露或者被窃取、篡改：

（一）制定内部安全管理制度和操作规程，确定网络安全负责人，落实网络安全保护责任；

（二）采取防范计算机病毒和网络攻击、网络侵入等危害网络安全行为的技术措施；

（三）采取监测、记录网络运行状态、网络安全事件的技术措施，并按照规定留存相关的网络日志不少于六个月；

（四）采取数据分类、重要数据备份和加密等措施；

（五）法律、行政法规规定的其他义务。

第二十二条　网络产品、服务应当符合相关国家标准的强制性要求。网络产品、服务的提供者不得设置恶意程序；发现其网络产品、服务存在安全缺陷、漏洞等风险时，应当立即采取补救措施，按照规定及时告知用户并向有关主管部门报告。

网络产品、服务的提供者应当为其产品、服务持续提供安全维护；在规定或者当事人约定的期限内，不得终止提供安全维护。

网络产品、服务具有收集用户信息功能的，其提供者应当向用户明示并取得同意；涉及用户个人信息的，还应当遵守本法和有关法律、行政法规关于个人信息保护的规定。

第二十三条　网络关键设备和网络安全专用产品应当按照相关国家标准的强制性要求，由具备资格的机构安全认证合格或者安全检测符合要求后，方可销售或者提供。国家网信部门会同国务院有关部门制定、公布网络关键设备和网络安全专用产品目录，并推动安全认证和安全检测结果互认，避免重复认证、检测。

第二十四条　网络运营者为用户办理网络接入、域名注册服务，办理固定电话、移动电话等入网手续，或者为用户提供信息发布、即时通讯等服务，在与用户签订协议或者确认提供服务时，应当要求用户提供真实身份信息。用户不提供真实身份信息的，网络运营者不得为其提供相关服务。

国家实施网络可信身份战略，支持研究开发安全、方便的电子身份认证技术，推动不同电子身份认证之间的互认。

第二十五条　网络运营者应当制定网络安全事件应急预案，及时处置系统漏洞、计算机病毒、网络攻击、网络侵入等安全风险；在发生危害网络安全的事件时，立即启动应急预案，采取相应的补救措施，并按照规定向有关主管部门报告。

第二十六条　开展网络安全认证、检测、风险评估等活动，向社会发布系统漏洞、计算机病毒、网络攻击、网络侵入等网络安全信息，应当遵守国家有关规定。

第二十七条　任何个人和组织不得从事非法侵入他人网络、干扰他人网络正常功能、窃取网络数据等危害网络安全的活动；不得提供专门用于从事侵入网络、干扰网络正常功能及防护措施、窃取网络数据等危害网络安全活动的程序、工具；明知他人从事危害网络安全的活动的，不得为其提供技术支持、广告推广、支付结算等帮助。

第二十八条　网络运营者应当为公安机关、国家安全机关依法维护国家安全和侦查犯罪的活动提供技术支持和协助。

第二十九条　国家支持网络运营者之间在网络安全信息收集、分析、通报和应急处置等方面进行合作，提高网络运营者的安全保障能力。

有关行业组织建立健全本行业的网络安全保护规范和协作机制，加强对网络安全风险的分析评估，定期向会员进行风险警示，支持、协助会员应对网络安全风险。

第三十条　网信部门和有关部门在履行网络安全保护职责中获取的信息，只能用于维护网络安全的需要，不得用于其他用途。

第二节　关键信息基础设施的运行安全

第三十一条　国家对公共通信和信息服务、能源、交通、水利、金融、公共服务、电子政务等重要行业和领域，以及其他一旦遭到破坏、丧失功能或者数据泄露，可能严重危害国家安全、国计民生、公共利益的关键信息基础设施，在网络安全等级保护制度的基础上，实行重点保护。关键信息基础设施的具体范围和安全保护办法由国务院制定。

国家鼓励关键信息基础设施以外的网络运营者自愿参与关键信息基础设施保护体系。

第三十二条　按照国务院规定的职责分工，负责关键信息基础设施安全保护工作的部门分别编制并组织实施本行业、本领域的关键信息基础设施安全规划，指导和监督关键信息基础设施运行安全保护工作。

第三十三条　建设关键信息基础设施应当确保其具有支持业务稳定、持续运行的性能，并保证安全技术措施同步规划、同步建设、同步使用。

第三十四条　除本法第二十一条的规定外，关键信息基础设施的运营者还应当履行下列安全保护义务：

（一）设置专门安全管理机构和安全管理负责人，并对该负责人和关键岗位的人员进行安全背景审查；

（二）定期对从业人员进行网络安全教育、技术培训和技能考核；

（三）对重要系统和数据库进行容灾备份；

（四）制定网络安全事件应急预案，并定期进行演练；

（五）法律、行政法规规定的其他义务。

第三十五条　关键信息基础设施的运营者采购网络产品和服务，可能影响国家安全的，应当通过国家网信部门会同国务院有关部门组织的国家安全审查。

第三十六条　关键信息基础设施的运营者采购网络产品和服务，应当按照规定与提供者签订安全保密协议，明确安全和保密义务与责任。

第三十七条　关键信息基础设施的运营者在中华人民共和国境内运营中收集和产生的个人信息和重要数据应当在境内存储。因业务需要，确需向境外提供的，应当按照国家网信部门会同国务院有关部门制定的办法进行安全评估；法律、行政法规另有规定的，依照其规定。

第三十八条　关键信息基础设施的运营者应当自行或者委托网络安全服务机构对其网络的安全性和可能存在的风险每年至少进行一次检测评估，并将检测评估情况和改进措施报送相关负责关键信息基础设施安全保护工作的部门。

第三十九条　国家网信部门应当统筹协调有关部门对关键信息基础设施的安全保护采取下列措施：

（一）对关键信息基础设施的安全风险进行抽查检测，提出改进措施，必要时可以委托网络安全服务机构对网络存在的安全风险进行检测评估；

（二）定期组织关键信息基础设施的运营者进行网络安全应急演练，提高应对网络安全事件的水平和协同配合能力；

（三）促进有关部门、关键信息基础设施的运营者以及有关研究机构、网络安全服务机构等之间的网络安全信息共享；

（四）对网络安全事件的应急处置与网络功能的恢复等，提供技术支持和协助。

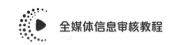

第四章　网络信息安全

第四十条　网络运营者应当对其收集的用户信息严格保密，并建立健全用户信息保护制度。

第四十一条　网络运营者收集、使用个人信息，应当遵循合法、正当、必要的原则，公开收集、使用规则，明示收集、使用信息的目的、方式和范围，并经被收集者同意。

网络运营者不得收集与其提供的服务无关的个人信息，不得违反法律、行政法规的规定和双方的约定收集、使用个人信息，并应当依照法律、行政法规的规定和与用户的约定，处理其保存的个人信息

第四十二条　网络运营者不得泄露、篡改、毁损其收集的个人信息；未经被收集者同意，不得向他人提供个人信息。但是，经过处理无法识别特定个人且不能复原的除外。

网络运营者应当采取技术措施和其他必要措施，确保其收集的个人信息安全，防止信息泄露、毁损、丢失。在发生或者可能发生个人信息泄露、毁损、丢失的情况时，应当立即采取补救措施，按照规定及时告知用户并向有关主管部门报告。

第四十三条　个人发现网络运营者违反法律、行政法规的规定或者双方的约定收集、使用其个人信息的，有权要求网络运营者删除其个人信息；发现网络运营者收集、存储的其个人信息有错误的，有权要求网络运营者予以更正。网络运营者应当采取措施予以删除或者更正。

第四十四条　任何个人和组织不得窃取或者以其他非法方式获取个人信息，不得非法出售或者非法向他人提供个人信息。

第四十五条　依法负有网络安全监督管理职责的部门及其工作人员，必须对在履行职责中知悉的个人信息、隐私和商业秘密严格保密，不得泄露、出售或者非法向他人提供。

第四十六条　任何个人和组织应当对其使用网络的行为负责，不得设立用于实施诈骗，传授犯罪方法，制作或者销售违禁物品、管制物品等违法犯罪活

动的网站、通讯群组，不得利用网络发布涉及实施诈骗，制作或者销售违禁物品、管制物品以及其他违法犯罪活动的信息。

第四十七条　网络运营者应当加强对其用户发布的信息的管理，发现法律、行政法规禁止发布或者传输的信息的，应当立即停止传输该信息，采取消除等处置措施，防止信息扩散，保存有关记录，并向有关主管部门报告。

第四十八条　任何个人和组织发送的电子信息、提供的应用软件，不得设置恶意程序，不得含有法律、行政法规禁止发布或者传输的信息。

电子信息发送服务提供者和应用软件下载服务提供者，应当履行安全管理义务，知道其用户有前款规定行为的，应当停止提供服务，采取消除等处置措施，保存有关记录，并向有关主管部门报告。

第四十九条　网络运营者应当建立网络信息安全投诉、举报制度，公布投诉、举报方式等信息，及时受理并处理有关网络信息安全的投诉和举报。

网络运营者对网信部门和有关部门依法实施的监督检查，应当予以配合。

第五十条　国家网信部门和有关部门依法履行网络信息安全监督管理职责，发现法律、行政法规禁止发布或者传输的信息的，应当要求网络运营者停止传输，采取消除等处置措施，保存有关记录；对来源于中华人民共和国境外的上述信息，应当通知有关机构采取技术措施和其他必要措施阻断传播。

第五章　监测预警与应急处置

第五十一条　国家建立网络安全监测预警和信息通报制度。国家网信部门应当统筹协调有关部门加强网络安全信息收集、分析和通报工作，按照规定统一发布网络安全监测预警信息。

第五十二条　负责关键信息基础设施安全保护工作的部门，应当建立健全本行业、本领域的网络安全监测预警和信息通报制度，并按照规定报送网络安全监测预警信息。

第五十三条　国家网信部门协调有关部门建立健全网络安全风险评估和

应急工作机制，制定网络安全事件应急预案，并定期组织演练。

负责关键信息基础设施安全保护工作的部门应当制定本行业、本领域的网络安全事件应急预案，并定期组织演练。

网络安全事件应急预案应当按照事件发生后的危害程度、影响范围等因素对网络安全事件进行分级，并规定相应的应急处置措施。

第五十四条　网络安全事件发生的风险增大时，省级以上人民政府有关部门应当按照规定的权限和程序，并根据网络安全风险的特点和可能造成的危害，采取下列措施：

（一）要求有关部门、机构和人员及时收集、报告有关信息，加强对网络安全风险的监测；

（二）组织有关部门、机构和专业人员，对网络安全风险信息进行分析评估，预测事件发生的可能性、影响范围和危害程度；

（三）向社会发布网络安全风险预警，发布避免、减轻危害的措施。

第五十五条　发生网络安全事件，应当立即启动网络安全事件应急预案，对网络安全事件进行调查和评估，要求网络运营者采取技术措施和其他必要措施，消除安全隐患，防止危害扩大，并及时向社会发布与公众有关的警示信息。

第五十六条　省级以上人民政府有关部门在履行网络安全监督管理职责中，发现网络存在较大安全风险或者发生安全事件的，可以按照规定的权限和程序对该网络的运营者的法定代表人或者主要负责人进行约谈。网络运营者应当按照要求采取措施，进行整改，消除隐患。

第五十七条　因网络安全事件，发生突发事件或者生产安全事故的，应当依照《中华人民共和国突发事件应对法》、《中华人民共和国安全生产法》等有关法律、行政法规的规定处置。

第五十八条　因维护国家安全和社会公共秩序，处置重大突发社会安全事件的需要，经国务院决定或者批准，可以在特定区域对网络通信采取限制等临时措施。

第六章 法律责任

第五十九条 网络运营者不履行本法第二十一条、第二十五条规定的网络安全保护义务的，由有关主管部门责令改正，给予警告；拒不改正或者导致危害网络安全等后果的，处一万元以上十万元以下罚款，对直接负责的主管人员处五千元以上五万元以下罚款。

关键信息基础设施的运营者不履行本法第三十三条、第三十四条、第三十六条、第三十八条规定的网络安全保护义务的，由有关主管部门责令改正，给予警告；拒不改正或者导致危害网络安全等后果的，处十万元以上一百万元以下罚款，对直接负责的主管人员处一万元以上十万元以下罚款。

第六十条 违反本法第二十二条第一款、第二款和第四十八条第一款规定，有下列行为之一的，由有关主管部门责令改正，给予警告；拒不改正或者导致危害网络安全等后果的，处五万元以上五十万元以下罚款，对直接负责的主管人员处一万元以上十万元以下罚款：

（一）设置恶意程序的；

（二）对其产品、服务存在的安全缺陷、漏洞等风险未立即采取补救措施，或者未按照规定及时告知用户并向有关主管部门报告的；

（三）擅自终止为其产品、服务提供安全维护的。

第六十一条 网络运营者违反本法第二十四条第一款规定，未要求用户提供真实身份信息，或者对不提供真实身份信息的用户提供相关服务的，由有关主管部门责令改正；拒不改正或者情节严重的，处五万元以上五十万元以下罚款，并可以由有关主管部门责令暂停相关业务、停业整顿、关闭网站、吊销相关业务许可证或者吊销营业执照，对直接负责的主管人员和其他直接责任人员处一万元以上十万元以下罚款。

第六十二条 违反本法第二十六条规定，开展网络安全认证、检测、风险评估等活动，或者向社会发布系统漏洞、计算机病毒、网络攻击、网络侵入等网络安全信息的，由有关主管部门责令改正，给予警告；拒不改正或者情节严重的，处一万元以上十万元以下罚款，并可以由有关主管部门责令暂停相关业务、停业整顿、关闭网站、吊销相关业务许可证或者吊销营业执照，对直接负责的主管人员和其他直接责任人员处五千元以上五万元以下罚款。

第六十三条　违反本法第二十七条规定，从事危害网络安全的活动，或者提供专门用于从事危害网络安全活动的程序、工具，或者为他人从事危害网络安全的活动提供技术支持、广告推广、支付结算等帮助，尚不构成犯罪的，由公安机关没收违法所得，处五日以下拘留，可以并处五万元以上五十万元以下罚款；情节较重的，处五日以上十五日以下拘留，可以并处十万元以上一百万元以下罚款。

单位有前款行为的，由公安机关没收违法所得，处十万元以上一百万元以下罚款，并对直接负责的主管人员和其他直接责任人员依照前款规定处罚。

违反本法第二十七条规定，受到治安管理处罚的人员，五年内不得从事网络安全管理和网络运营关键岗位的工作；受到刑事处罚的人员，终身不得从事网络安全管理和网络运营关键岗位的工作。

第六十四条　网络运营者、网络产品或者服务的提供者违反本法第二十二条第三款、第四十一条至第四十三条规定，侵害个人信息依法得到保护的权利的，由有关主管部门责令改正，可以根据情节单处或者并处警告、没收违法所得、处违法所得一倍以上十倍以下罚款，没有违法所得的，处一百万元以下罚款，对直接负责的主管人员和其他直接责任人员处一万元以上十万元以下罚款；情节严重的，并可以责令暂停相关业务、停业整顿、关闭网站、吊销相关业务许可证或者吊销营业执照。

违反本法第四十四条规定，窃取或者以其他非法方式获取、非法出售或者非法向他人提供个人信息，尚不构成犯罪的，由公安机关没收违法所得，并处违法所得一倍以上十倍以下罚款，没有违法所得的，处一百万元以下罚款。

第六十五条　关键信息基础设施的运营者违反本法第三十五条规定，使用未经安全审查或者安全审查未通过的网络产品或者服务的，由有关主管部门责令停止使用，处采购金额一倍以上十倍以下罚款；对直接负责的主管人员和其他直接责任人员处一万元以上十万元以下罚款。

第六十六条　关键信息基础设施的运营者违反本法第三十七条规定，在境外存储网络数据，或者向境外提供网络数据的，由有关主管部门责令改正，给予警告，没收违法所得，处五万元以上五十万元以下罚款，并可以责令暂停相关业务、停业整顿、关闭网站、吊销相关业务许可证或者吊销营业执照；对直接负责的主管人员和其他直接责任人员处一万元以上十万元以下罚款。

第六十七条　违反本法第四十六条规定，设立用于实施违法犯罪活动的网站、通讯群组，或者利用网络发布涉及实施违法犯罪活动的信息，尚不构成犯罪的，由公安机关处五日以下拘留，可以并处一万元以上十万元以下罚款；情节较重的，处五日以上十五日以下拘留，可以并处五万元以上五十万元以下罚款。关闭用于实施违法犯罪活动的网站、通讯群组。

单位有前款行为的，由公安机关处十万元以上五十万元以下罚款，并对直接负责的主管人员和其他直接责任人员依照前款规定处罚。

第六十八条　网络运营者违反本法第四十七条规定，对法律、行政法规禁止发布或者传输的信息未停止传输、采取消除等处置措施、保存有关记录的，由有关主管部门责令改正，给予警告，没收违法所得；拒不改正或者情节严重的，处十万元以上五十万元以下罚款，并可以责令暂停相关业务、停业整顿、关闭网站、吊销相关业务许可证或者吊销营业执照，对直接负责的主管人员和其他直接责任人员处一万元以上十万元以下罚款。

电子信息发送服务提供者、应用软件下载服务提供者，不履行本法第四十八条第二款规定的安全管理义务的，依照前款规定处罚。

第六十九条　网络运营者违反本法规定，有下列行为之一的，由有关主管部门责令改正；拒不改正或者情节严重的，处五万元以上五十万元以下罚款，对直接负责的主管人员和其他直接责任人员，处一万元以上十万元以下罚款：

（一）不按照有关部门的要求对法律、行政法规禁止发布或者传输的信息，采取停止传输、消除等处置措施的；

（二）拒绝、阻碍有关部门依法实施的监督检查的；

（三）拒不向公安机关、国家安全机关提供技术支持和协助的。

第七十条　发布或者传输本法第十二条第二款和其他法律、行政法规禁止发布或者传输的信息的，依照有关法律、行政法规的规定处罚。

第七十一条　有本法规定的违法行为的，依照有关法律、行政法规的规定记入信用档案，并予以公示。

第七十二条　国家机关政务网络的运营者不履行本法规定的网络安全保护义务的，由其上级机关或者有关机关责令改正；对直接负责的主管人员和其他直接责任人员依法给予处分。

第七十三条　网信部门和有关部门违反本法第三十条规定，将在履行网络安全保护职责中获取的信息用于其他用途的，对直接负责的主管人员和其他直接责任人员依法给予处分。

网信部门和有关部门的工作人员玩忽职守、滥用职权、徇私舞弊，尚不构成犯罪的，依法给予处分。

第七十四条　违反本法规定，给他人造成损害的，依法承担民事责任。

违反本法规定，构成违反治安管理行为的，依法给予治安管理处罚；构成犯罪的，依法追究刑事责任。

第七十五条　境外的机构、组织、个人从事攻击、侵入、干扰、破坏等危害中华人民共和国的关键信息基础设施的活动，造成严重后果的，依法追究法律责任；国务院公安部门和有关部门并可以决定对该机构、组织、个人采取冻结财产或者其他必要的制裁措施。

第七章　附　　则

第七十六条　本法下列用语的含义：

（一）网络，是指由计算机或者其他信息终端及相关设备组成的按照一定的规则和程序对信息进行收集、存储、传输、交换、处理的系统。

（二）网络安全，是指通过采取必要措施，防范对网络的攻击、侵入、干扰、破坏和非法使用以及意外事故，使网络处于稳定可靠运行的状态，以及保障网络数据的完整性、保密性、可用性的能力。

（三）网络运营者，是指网络的所有者、管理者和网络服务提供者。

（四）网络数据，是指通过网络收集、存储、传输、处理和产生的各种电子数据。

（五）个人信息，是指以电子或者其他方式记录的能够单独或者与其他信息结合识别自然人个人身份的各种信息，包括但不限于自然人的姓名、出生日期、身份证件号码、个人生物识别信息、住址、电话号码等。

第七十七条　存储、处理涉及国家秘密信息的网络的运行安全保护，除应当遵守本法外，还应当遵守保密法律、行政法规的规定。

第七十八条　军事网络的安全保护，由中央军事委员会另行规定。

第七十九条　本法自 2017 年 6 月 1 日起施行。

互联网视听节目服务管理规定

第一条　为维护国家利益和公共利益，保护公众和互联网视听节目服务单位的合法权益，规范互联网视听节目服务秩序，促进健康有序发展，根据国家有关规定，制定本规定。

第二条　在中华人民共和国境内向公众提供互联网（含移动互联网，以下简称互联网）视听节目服务活动，适用本规定。

本规定所称互联网视听节目服务，是指制作、编辑、集成并通过互联网向公众提供视音频节目，以及为他人提供上载传播视听节目服务的活动。

第三条　国务院广播电影电视主管部门作为互联网视听节目服务的行业主管部门，负责对互联网视听节目服务实施监督管理，统筹互联网视听节目服务的产业发展、行业管理、内容建设和安全监管。国务院信息产业主管部门作为互联网行业主管部门，依据电信行业管理职责对互联网视听节目服务实施相应的监督管理。

地方人民政府广播电影电视主管部门和地方电信管理机构依据各自职责对本行政区域内的互联网视听节目服务单位，及接入服务实施相应的监督管理。

第四条　互联网视听节目服务单位及其相关网络运营单位，是重要的网络文化建设力量，承担建设中国特色网络文化和维护网络文化信息安全的责任，应自觉遵守宪法、法律和行政法规，接受互联网视听节目服务行业主管部门和互联网行业主管部门的管理。

第五条　互联网视听节目服务单位组成的全国性社会团体，负责制定行业自律规范，倡导文明上网、文明办网，营造文明健康的网络环境，传播健康有益视听节目，抵制腐朽落后思想文化传播，并在国务院广播电影电视主管部门指导下开展活动。

第六条　发展互联网视听节目服务要有益于传播社会主义先进文化，推动社会全面进步和人的全面发展、促进社会和谐。从事互联网视听节目服务，应当坚持为人民服务、为社会主义服务，坚持正确导向，把社会效益放在首位，建设社会主义核心价值体系，遵守社会主义道德规范，大力弘扬体现时代发展和社会进步的思想文化，大力弘扬民族优秀文化传统，提供更多更好的互联网视听节目服务，满足人民群众日益增长的需求，不断丰富人民群众的精神文化生活，充分发挥文化滋润心灵、陶冶情操、愉悦身心的作用，为青少年成长创造良好的网上空间，形成共建共享的精神家园。

第七条　从事互联网视听节目服务，应当依照本规定取得广播电影电视主管部门颁发的信息网络传播视听节目许可证（以下简称"许可证"）或履行备案手续。

未按照本规定取得广播电影电视主管部门颁发的"许可证"或履行备案手续，任何单位和个人不得从事互联网视听节目服务。

互联网视听节目服务业务指导目录由国务院广播电影电视主管部门同国务院信息产业主管部门制定。

第八条　申请从事互联网视听节目服务的，应当同时具备以下条件：

（一）具备法人资格，为国有独资或国有控股单位，且在申请之日前三年内无违法违规记录；

（二）有健全的节目安全传播管理制度和安全保护技术措施；

（三）有与其业务相适应并符合国家规定的视听节目资源；

（四）有与其业务相适应的技术能力、网络资源和资金，且资金来源合法；

（五）有与其业务相适应的专业人员，且主要出资者和经营者在申请之日前三年内无违法违规记录；

（六）技术方案符合国家标准、行业标准和技术规范；

（七）符合国务院广播电影电视主管部门确定的互联网视听节目服务总体规划、布局和业务指导目录；

（八）符合法律、行政法规和国家有关规定的条件。

第九条　从事广播电台、电视台形态服务和时政类视听新闻服务的，除符合本规定第八条规定外，还应当持有广播电视播出机构许可证或互联网新闻信息服务许可证。其中，以自办频道方式播放视听节目的，由地（市）级以上广播电台、电视台、中央新闻单位提出申请。

从事主持、访谈、报道类视听服务的，除符合本规定第八条规定外，还应当持有广播电视节目制作经营许可证和互联网新闻信息服务许可证；从事自办网络剧（片）类服务的，还应当持有广播电视节目制作经营许可证。

未经批准，任何组织和个人不得在互联网上使用广播电视专有名称开展业务。

第十条 申请"许可证"，应当通过省、自治区、直辖市人民政府广播电影电视主管部门向国务院广播电影电视主管部门提出申请，中央直属单位可以直接向国务院广播电影电视主管部门提出申请。

省、自治区、直辖市人民政府广播电影电视主管部门应当提供便捷的服务，自收到申请之日起20日内提出初审意见，报国务院广播电影电视主管部门审批；国务院广播电影电视主管部门应当自收到申请或者初审意见之日起40日内作出许可或者不予许可的决定，其中专家评审时间为20日。予以许可的，向申请人颁发"许可证"，并向社会公告；不予许可的，应当书面通知申请人并说明理由。"许可证"应当载明互联网视听节目服务的播出标识、名称、服务类别等事项。

"许可证"有效期为3年。有效期届满，需继续从事互联网视听节目服务的，应于有效期届满前30日内，持符合本办法第八条规定条件的相关材料，向原发证机关申请办理续办手续。

地（市）级以上广播电台、电视台从事互联网视听节目转播类服务的，到省级以上广播电影电视主管部门履行备案手续。中央新闻单位从事互联网视听节目转播类服务的，到国务院广播电影电视主管部门履行备案手续。备案单位应在节目开播30日前，提交网址、网站名、拟转播的广播电视频道、栏目名称等有关备案材料，广播电影电视主管部门应将备案情况向社会公告。

第十一条 取得"许可证"的单位，应当依据《互联网信息服务管理办法》，向省（自治区、直辖市）电信管理机构或国务院信息产业主管部门（以下简称电信主管部门）申请办理电信业务经营许可或者履行相关备案手续，并依法到工商行政管理部门办理注册登记或变更登记手续。电信主管部门应根据广播电影电视主管部门许可，严格互联网视听节目服务单位的域名和IP地址管理。

第十二条 互联网视听节目服务单位变更注册资本、股东、股权结构，有重大资产变动或有上市等重大融资行为的，以及业务项目超出"许可证"载明范围的，应按本规定办理审批手续。互联网视听节目服务单位的办公场所、法定代表人以及互联网信息服务单位的网址、网站名依法变更的，应当在变更后15日内向省级以上广播电影电视主管部门和电信主管部门备案，变更事项涉及工商登记的，应当依法到工商行政管理部门办理变更登记手续。

第十三条 互联网视听节目服务单位应当在取得"许可证"90日内提供互联网视听节目服务。未按期提供服务的，其"许可证"由原发证机关予以注销。如因特殊原因，应经发证机关同意。申请终止服务的，应提前60日向原发证机关申报，其"许可证"由原发证机关予以注销。连续停止业务超过60日的，由原发证机关按终止业务处理，其"许可证"由原发证机关予以注销。

第十四条 互联网视听节目服务单位应当按照"许可证"载明或备案的事项开展互联网视听节目服务，并在播出界面显著位置标注国务院广播电影电视主管部门批准的播出标识、名称、"许可证"或备案编号。

任何单位不得向未持有"许可证"或备案的单位提供与互联网视听节目服务有关的代收费及信号传输、服务器托管等金融和技术服务。

第十五条 鼓励国有战略投资者投资互联网视听节目服务企业；鼓励互联网视听节目服务单位积极开发适应新一代互联网和移动通信特点的新业务，为移动多媒体、多媒体网站生产积极健康的视听节目，努力提高互联网视听节目的供给能力；鼓励影视生产基地、电视节目制作单位多生产适合在网上传播的影视剧（片）、娱乐节目，积极发展民族网络影视产业；鼓励互联网视听节目服务单位传播公益性视听节目。

互联网视听节目服务单位应当遵守著作权法律、行政法规的规定，采取版权保护措施，保护著作权人的合法权益。

第十六条 互联网视听节目服务单位提供的、网络运营单位接入的视听节目应当符合法律、行政法规、部门规章的规定。已播出的视听节目应至少完整保留60日。视听节目不得含有以下内容：

（一）反对宪法确定的基本原则的；

（二）危害国家统一、主权和领土完整的；

（三）泄露国家秘密、危害国家安全或者损害国家荣誉和利益的；

（四）煽动民族仇恨、民族歧视，破坏民族团结，或者侵害民族风俗、习惯的；

（五）宣扬邪教、迷信的；

（六）扰乱社会秩序，破坏社会稳定的；

（七）诱导未成年人违法犯罪和渲染暴力、色情、赌博、恐怖活动的；

（八）侮辱或者诽谤他人，侵害公民个人隐私等他人合法权益的；

（九）危害社会公德，损害民族优秀文化传统的；

（十）有关法律、行政法规和国家规定禁止的其他内容。

第十七条　用于互联网视听节目服务的电影电视剧类节目和其他节目，应当符合国家有关广播电影电视节目的管理规定。互联网视听节目服务单位播出时政类视听新闻节目，应当是地（市）级以上广播电台、电视台制作、播出的节目和中央新闻单位网站登载的时政类视听新闻节目。

未持有"许可证"的单位不得为个人提供上载传播视听节目服务。互联网视听节目服务单位不得允许个人上载时政类视听新闻节目，在提供播客、视频分享等上载传播视听节目服务时，应当提示上载者不得上载违反本规定的视听节目。任何单位和个人不得转播、链接、聚合、集成非法的广播电视频道、视听节目网站的节目。

第十八条　广播电影电视主管部门发现互联网视听节目服务单位传播违反本规定的视听节目，应当采取必要措施予以制止。互联网视听节目服务单位对含有违反本规定内容的视听节目，应当立即删除，并保存有关记录，履行报告义务，落实有关主管部门的管理要求。

互联网视听节目服务单位主要出资者和经营者应对播出和上载的视听节目内容负责。

第十九条　互联网视听节目服务单位应当选择依法取得互联网接入服务

电信业务经营许可证或广播电视节目传送业务经营许可证的网络运营单位提供服务；应当依法维护用户权利，履行对用户的承诺，对用户信息保密，不得进行虚假宣传或误导用户、做出对用户不公平不合理的规定、损害用户的合法权益；提供有偿服务时，应当以显著方式公布所提供服务的视听节目种类、范围、资费标准和时限，并告知用户中止或者取消互联网视听节目服务的条件和方式。

第二十条　网络运营单位提供互联网视听节目信号传输服务时，应当保障视听节目服务单位的合法权益，保证传输安全，不得擅自插播、截留视听节目信号；在提供服务前应当查验视听节目服务单位的"许可证"或备案证明材料，按照"许可证"载明事项或备案范围提供接入服务。

第二十一条　广播电影电视和电信主管部门应建立公众监督举报制度。公众有权举报视听节目服务单位的违法违规行为，有关主管部门应当及时处理，不得推诿。广播电影电视、电信等监督管理部门发现违反本规定的行为，不属于本部门职责的，应当移交有权处理的部门处理。

电信主管部门应当依照国家有关规定向广播电影电视主管部门提供必要的技术系统接口和网站数据查询资料。

第二十二条　广播电影电视主管部门依法对互联网视听节目服务单位进行实地检查，有关单位和个人应当予以配合。广播电影电视主管部门工作人员依法进行实地检查时应当主动出示有关证件。

第二十三条　违反本规定有下列行为之一的，由县级以上广播电影电视主管部门予以警告、责令改正，可并处3万元以下罚款；同时，可对其主要出资者和经营者予以警告，可并处2万元以下罚款：

（一）擅自在互联网上使用广播电视专有名称开展业务的；

（二）变更注册资本、股东、股权结构，或上市融资，或重大资产变动时，未办理审批手续的；

（三）未建立健全节目运营规范，未采取版权保护措施，或对传播有害内容未履行提示、删除、报告义务的；

（四）未在播出界面显著位置标注播出标识、名称、"许可证"和备案编号的；

（五）未履行保留节目记录、向主管部门如实提供查询义务的；

（六）向未持有"许可证"或备案的单位提供代收费及信号传输、服务器托管等与互联网视听节目服务有关的服务的；

（七）未履行查验义务，或向互联网视听节目服务单位提供其"许可证"或备案载明事项范围以外的接入服务的；

（八）进行虚假宣传或者误导用户的；

（九）未经用户同意，擅自泄露用户信息秘密的；

（十）互联网视听服务单位在同一年度内三次出现违规行为的；

（十一）拒绝、阻挠、拖延广播电影电视主管部门依法进行监督检查或者在监督检查过程中弄虚作假的；

（十二）以虚假证明、文件等手段骗取"许可证"的。

有本条第十二项行为的，发证机关应撤销其许可证。

第二十四条 擅自从事互联网视听节目服务的，由县级以上广播电影电视主管部门予以警告、责令改正，可并处3万元以下罚款；情节严重的，根据《广播电视管理条例》第四十七条的规定予以处罚。

传播的视听节目内容违反本规定的，由县级以上广播电影电视主管部门予以警告、责令改正，可并处3万元以下罚款；情节严重的，根据《广播电视管理条例》第四十九条的规定予以处罚。

未按照许可证载明或备案的事项从事互联网视听节目服务的或违规播出时政类视听新闻节目的，由县级以上广播电影电视主管部门予以警告、责令改正，可并处3万元以下罚款；情节严重的，根据《广播电视管理条例》第五十条之规定予以处罚。

转播、链接、聚合、集成非法的广播电视频道和视听节目网站内容的，擅自插播、截留视听节目信号的，由县级以上广播电影电视主管部门予以警告、责令改正，可并处3万元以下罚款；情节严重的，根据《广播电视管理条例》第五十一条之规定予以处罚。

第二十五条 对违反本规定的互联网视听节目服务单位，电信主管部门应根据广播电影电视主管部门的书面意见，按照电信管理和互联网管理的法律、行政法规的规定,关闭其网站,吊销其相应许可证或撤销备案,责令为其提供信号接入服务的网络运营单位停止接入;拒不执行停止接入服务决定,违反《电信条例》第五十七条规定的,由电信主管部门依据《电信条例》第七十八条的规定吊销其许可证。

违反治安管理规定的,由公安机关依法予以处罚;构成犯罪的,由司法机关依法追究刑事责任。

第二十六条 广播电影电视、电信等主管部门不履行规定的职责,或滥用职权的,要依法给予有关责任人处分,构成犯罪的,由司法机关依法追究刑事责任。

第二十七条 互联网视听节目服务单位出现重大违法违规行为的,除按有关规定予以处罚外,其主要出资者和经营者自互联网视听节目服务单位受到处罚之日起5年内不得投资和从事互联网视听节目服务。

第二十八条 通过互联网提供视音频即时通讯服务,由国务院信息产业主管部门按照国家有关规定进行监督管理。

利用局域网络及利用互联网架设虚拟专网向公众提供网络视听节目服务,须向行业主管部门提出申请,由国务院信息产业主管部门前置审批,国务院广播电影电视主管部门审核批准,按照国家有关规定进行监督管理。

第二十九条 本规定自2008年1月31日起施行。此前发布的规定与本规定不一致之处,依本规定执行。

网络视听节目内容审核通则

（2017年6月30日中国网络视听节目服务协会常务理事会2017年第一次会议通过）

第一章 总 则

第一条 为规范网络视听节目内容审核工作，服务网络视听节目创作，促进网络视听节目行业健康发展，根据《互联网视听节目服务管理规定》，中国网络视听节目服务协会（以下简称协会）发起制定本通则。

第二条 本通则所称网络视听节目，具体包括：

（一）网络剧、微电影、网络电影、影视类动画片、纪录片；

（二）文艺、娱乐、科技、财经、体育、教育等专业类网络视听节目；

（三）其他网络原创视听节目。

第三条 互联网视听节目服务相关单位应当认真遵守本通则的规定，积极传播本通则倡导的内容，不得传播本通则禁止的内容。

第二章 审核原则

第四条 本通则所称内容审核，是指从事互联网视听节目服务相关单位在播出网络视听节目前，对拟播出的视听节目作品和用于宣传、介绍作品等目的而制作的图文及视频内容的审核。具体审核要素包括：

（一）政治导向、价值导向和审美导向；

（二）情节、画面、台词、歌曲、音效、人物、字幕等。

第五条 互联网视听节目服务相关单位在网络视听节目内容审核方面，坚持如下原则：

（一）先审后播原则

互联网视听节目服务相关单位应建立内容播前审核制度、审核意见留存制度及工作程序，配备与业务发展需要相适应的审核员，及相应的审看设施。互联网视听节目服务相关单位播出的网络视听节目必须经过审核员审核认定。

（二）审核到位原则

1. 审核员审核节目时应完整审看包括片头片尾在内的全部内容，不得快进和遗漏，每部网络剧、微电影、网络电影、影视类动画片、纪录片应由不少于三人的审核员审核，每期（条）专业类网络视听节目应由不少于两人的审核员审核。

2. 审核员应客观、公正地提出书面的节目审核意见，审核意见应明确指出需要修改的问题、是否同意播出，并说明理由。

3. 审核员应具有高度的社会责任感、较高的文化修养、良好的职业道德，熟悉国家相关法律法规、方针政策；审核员应经过节目内容审核业务培训，考核通过后从事节目内容审核工作。

第三章　导　向　要　求

第六条 互联网视听节目服务相关单位应坚持正确的政治方向，围绕中心，服务大局，坚持"二为"方向和"双百"方针，努力传播体现当代中国价值观念、体现中华文化精神、反映中国人审美追求，思想性、艺术性、观赏性有机统一的优秀作品。

（一）坚持以人民为中心的创作导向，把人民作为表现的主体，展示奋斗人生，刻画最美人物，反映人民心声，为人民抒写、为人民抒情、为人民抒怀，把满足人民精神文化需求作为出发点和落脚点；

（二）坚持以社会主义核心价值观为引领，大力弘扬革命文化和社会主义先进文化，大力弘扬以爱国主义为核心的民族精神和以改革创新为核心的时代精神，歌唱祖国、赞美英雄、讴歌时代，引导人民树立和坚持正确的历史观、民族观、国家观、文化观；

（三）坚持以现实题材为主，贴近实际、贴近生活、贴近群众，记录时代发展和社会进步；

（四）大力弘扬中国优秀传统文化。以史为鉴、传承文明，激励中华儿女自尊、自信、自强。深入阐发讲仁爱、重民本、守诚信、崇正义、尚和合、求大同等核心思想理念；

（五）弘扬真善美，传播正能量。牢记社会责任，持续颂扬自强不息、敬业乐群、扶危济困、见义勇为、孝老爱亲等传统美德，引导人们增强道德判断力和道德荣誉感；

（六）努力讲好中国故事，弘扬中国精神，凝聚中国力量，为实现中华民族伟大复兴的中国梦作出贡献；

（七）坚持把社会效益放在首位，努力传播既能在思想上、艺术上取得成功，又能在市场上受到欢迎，社会效益和经济效益相统一的作品；

（八）牢固树立精品意识，下大力气提升品质，提高原创能力，努力传播思想精深、艺术精湛、制作精良的优秀作品。在剧情设计上要弘扬正气、伸张正义，传播真善美、鞭笞假恶丑，体现积善成德、明德惟馨的道德导向。

第四章　节目内容审核标准

第七条　互联网视听节目服务相关单位要坚持正确的政治导向、价值导向和审美导向，禁止制作、播放含有下列内容的网络视听节目：

（一）违反宪法确定的基本原则，煽动抗拒或者破坏宪法、法律、行政法规实施的；

（二）危害国家统一、主权和领土完整，泄露国家秘密，危害国家安全，损害国家尊严、荣誉和利益，宣扬恐怖主义、极端主义的；

（三）诋毁民族优秀文化传统，煽动民族仇恨、民族歧视，侵害民族风俗习惯，歪曲民族历史和民族历史人物，伤害民族感情，破坏民族团结的；

（四）煽动破坏国家宗教政策，宣扬宗教狂热，危害宗教和睦，伤害信教公民宗教感情，破坏信教公民和不信教公民团结，宣扬邪教、迷信的；

（五）危害社会公德，扰乱社会秩序，破坏社会稳定，宣扬淫秽、赌博、吸毒，渲染暴力、恐怖，教唆犯罪或者传授犯罪方法的；

（六）侵害未成年人合法权益或者损害未成年人身心健康的；

（七）侮辱、诽谤他人或者散布他人隐私，侵害他人合法权益的；

（八）法律、行政法规禁止的其他内容。

第八条 网络视听节目中含有下列内容或情节的，应予以剪截、删除后播出；问题严重的，整个节目不得播出：

（一）不符合国情和社会制度，有损国家形象，危害国家统一和社会稳定：

1. 贬损国家形象、国家制度和方针政策；

2. 贬损、恶搞、损害革命领袖、英雄人物的形象、名誉；

3. 损害人民军队、武装警察、国安、公安、司法人员等特定职业、群体，以及社会组织、团体的公众形象；

4. 宣扬消极、颓废的人生观、世界观和价值观，渲染、夸大社会问题，过分表现、展示社会阴暗面；

5. 贬低人民群众推动历史发展的作用；

6. 以反面角色为主要表现对象，或为反动的、落后的、邪恶的、非法的社会势力、社会组织和人物立传、歌功颂德，着重表现其积极的一面；

7. 宣扬中国历史上封建王朝对外的武力征服；

8. 宣扬带有殖民主义色彩的台词、称谓、画面等；

9. 脱离国情，缺乏基本的现实生活依据，宣扬奢华生活等。

（二）有损民族团结：

1. 含有伤害民族感情的情节、台词、称谓、人物形象、画面、音效等；

2. 对独特的民族习俗和宗教信仰猎奇渲染，甚至丑化侮辱；

3. 表现伤害民族感情的民族战争、历史事件;

4. 将历史上民族间的征伐表现成国与国之间的战争等。

（三）违背国家宗教政策：

1. 宣扬宗教极端主义和邪教;

2. 不恰当地比较不同宗教、教派的优劣，可能引发宗教、教派之间矛盾和冲突;

3. 过多展示和宣扬宗教教义、教规、仪式等内容;

4. 歪曲、诋毁或歧视宗教观念、宗教信仰和宗教称谓;

5. 对宗教内容戏说和调侃等。

（四）宣扬封建迷信，违背科学精神：

1. 宣扬灵魂附体、转世轮回、巫术作法等封建迷信思想;

2. 宣扬愚昧、邪恶、怪诞等封建文化糟粕。

（五）渲染恐怖暴力，展示丑恶行为，甚至可能诱发犯罪：

1. 渲染暴力、凶杀，表现黑恶势力的猖狂;

2. 细致展现凶暴、残酷的犯罪过程，及肉体、精神虐待;

3. 暴露侦查手段、侦破细节，可诱导罪犯掌握反侦查手段;

4. 表现离奇、怪诞的犯罪案件;

5. 对真假、善恶、美丑的价值判断模糊不清，混淆正义与非正义的基本界限;

6. 详细展示吸毒、酗酒、赌博等不良行为;

7. 展现过度的惊悚恐怖、生理痛苦、歇斯底里，造成强烈感官、精神刺激并可致人身心不适的画面、台词、音乐及音效等;

8. 为宣扬以暴制暴，宣扬极端的复仇心理和行为。

（六）渲染淫秽色情和庸俗低级趣味：

1. 具体展现卖淫、嫖娼、淫乱、强奸、自慰等情节;

2. 表现和展示非正常的性关系、性行为，如乱伦、同性恋、性变态、性侵犯、性虐待及性暴力等;

3. 展示和宣扬不健康的婚恋观和婚恋状态，如婚外恋、一夜情、性自由、换妻等；

4. 较长时间或较多给人以感官刺激的床上镜头、接吻、爱抚、淋浴，及类似的与性行为有关的间接表现或暗示；

5. 有明显的性挑逗、性骚扰、性侮辱或类似效果的画面、台词、音乐及音效等；

6. 展示男女性器官，或仅用肢体掩盖或用很小的遮盖物掩盖人体等隐秘部位及衣着过分暴露等；

7. 含有未成年人不宜接受的涉性画面、台词、音乐、音效等；

8. 使用粗俗语言等；

9. 以成人电影、情色电影、三级片、偷拍、走光、露点及各种挑逗性文字或图片作为视频节目标题、分类或宣传推广。

（七）侮辱或者诽谤他人：

1. 损害重要历史人物及其他真实人物的形象、名誉，造成不良社会影响；

2. 贬损他人的职业身份、社会地位或身体特征。

（八）歪曲贬低民族优秀文化传统：

1. 渲染、夸大或集中展示民族愚昧或社会落后方面；

2. 违背基本史实，为已有定论的历史人物、历史事件"翻案"，或为尚存争议的历史人物、历史事件"正名"；

3. 篡改名著，歪曲原著的精神实质；

4. 违背基本的历史常识，缺乏基本的历史依据，任意曲解历史，不尊重人类文明、他国文明和风俗习惯等；

5. 对历史尤其是革命历史进行过度娱乐和游戏式表现。

（九）危害社会公德，对未成年人造成不良影响的：

1. 以恶搞方式描绘重大自然灾害、意外事故、恐怖事件、战争等灾难场面；

2. 以肯定、赞许的基调或引入模仿的方式表现打架斗殴、羞辱他人、污言秽语等；

3. 表现未成年人早恋、抽烟酗酒、打架斗殴、滥用毒品等不良行为；

4. 违反国务院广播影视行政部门有关规定的吸烟镜头和吸烟场景；

5．人物造型过分夸张怪异，对未成年人有不良影响；

6．展示未成年人或者未成年人形象的动画、动漫人物的性行为等；

7．含有其他有违社会公德的不文明行为。

（十）法律、法规和国家规定禁止的其他内容：

1．违反国家有关规定，公开展示某专项工作的内部制度、程序；

2．可能引发国际纠纷或造成不良国际影响；

3．违反国家有关规定，滥用、错用特定标识、呼号、称谓、用语；

4．节目中的产品和服务信息植入违反国务院广播影视行政部门有关规定；

5．破坏生态环境，虐待动物，捕杀、食用国家保护类动物的内容；

6．侵犯个人隐私内容；

7．以抄袭、剽窃或未经许可翻拍等方式侵犯他人知识产权的节目；

8．从事损害我国国家尊严、荣誉和利益，危害社会稳定，伤害民族感情等活动的组织和个人制作或参与制作的节目；

9．其他有违法律、法规和国家规定的内容。

第九条 专业类网络视听节目应坚持正确的政治导向、价值导向、审美导向，体现高雅健康的审美情趣和文化品位，引导人们树立正确的世界观、人生观、价值观。

（一）坚决抵制是非不分、善恶不辨、以丑为美、颠倒黑白的错误倾向；坚决抵制各种诋毁主流思想和主流价值的内容；坚决反对歪曲历史、美化反动、调侃崇高、否定英模的错误倾向；坚决抵制厚黑学、潜规则、圈子山头等封建文化糟粕和腐朽思想遗毒；坚决抵制拜金主义、享乐主义、极端个人主义等不良风气和过度商业化、过度娱乐化的倾向；坚决摒弃廉价的笑声、无底线的娱乐和无节操的垃圾；坚决抵制低俗、庸俗、媚俗的低级趣味；坚决反对天价追星、无聊游戏、奢华盛宴等不良风气。

（二）不得宣扬不良的家庭观、婚恋观、金钱观。在涉及真实人物生活讲述与调解等节目中，坚持真实原则，不得为了追求轰动效应人为设置虚假、离奇故事情节，摆拍经过事先设计的对话，制造假故事、假新闻，愚弄受众。

（三）对节目中涉及的主持人、嘉宾、评委、选手等人物进行筛选把关，不得选用有丑闻劣迹、有吸毒嫖娼等违法犯罪行为的人物，慎重选用有争议或存在边缘化观点的人物。节目中的人物语言、行为、着装、服饰、发型、台风等应当符合大众审美观念。

（四）节目主持人应对嘉宾、评委、选手等人物的言行举止正确引导，防止语言和行为低俗，对错误观点和言论要及时批驳。主持人之间不得互相挖苦、吹捧、调情。嘉宾、评委要加强点评的专业性和针对性，避免夸张作秀、互相恶搞以及不文明言谈举止，不能喧宾夺主、故意制造噱头和看点，使节目成为明星宣扬自我的舞台。选手不得为博眼球而煽情作秀、夸张搞怪或渲染悲切情绪。

（五）加强未成年人保护，尽量减少未成年人参与，对少数有未成年人参与的节目要坚决杜绝商业化、成人化和过度娱乐化的不良倾向以及侵犯未成年人权益的现象。

（六）真人秀类节目要减少明星参与人数，提高普通群众的参与比重，让群众成为节目的主角。不得追星逐利、媚俗捧场，杜绝展示明星炫富享乐、炒作节目片酬成本。不得借真人秀节目炒作包装明星子女。

第十条 专业类网络视听节目除符合前款网络视听节目的总体要求外，还不得含有以下内容：

（一）以道听途说的信息为话题，进行主观臆测的讨论、评论的；

（二）以调侃严肃话题为主要内容的；

（三）围绕易引发争议的负面话题进行讨论、评论的；

（四）以宣扬明星炫富享乐为主要话题的；

（五）以炒作绯闻丑闻隐私劣迹为主要内容的；

（六）展示危险程度高、恶意整人、易被青少年模仿的游戏项目的；

（七）诱导未成年人谈论名利、情爱等话题，诱导未成年人现场拉票、盘问未成年人失败退出感受的；

（八）就家庭纠纷采访未成年人和未成年人参与家庭纠纷和现场调解的；

（九）为吸引眼球，制造低俗噱头，展示丑行恶态，或作假作秀、故意激化矛盾，突出放大不良现象和非理性情绪，以"考验""测试"的名义人为制造和展示"人性恶"事件的；

（十）故意刺激、为难嘉宾娱乐观众的；

（十一）讽刺他人、相互吹捧或进行粗俗反串的；

（十二）使用粗俗恶搞字幕和夸张怪异音效的；

（十三）以采访、讨论性爱、性生活细节为话题的；

（十四）展示群众参与的各类整容变性细节的；

（十五）其他违背社会主义核心价值观和公序良俗的内容。

第十一条　严肃认真对待节目细节，涉及下列内容的，要聘请相关专家进行把关：

（一）涉及革命先驱及其他重要人物形象、少数民族语言文字、特定符号与标识使用以及图形、图表等；

（二）节目内容表现人民军队、武装警察、国安、公安、司法人员、医生、律师等特定职业、群体，以及社会组织、团体的；

（三）涉及特定历史时期、职业群体的服装、布景道具等。

第十二条　网络视听节目内容审核的其他相关要求：

（一）网络视听节目中文字幕除书法题写的片名及相关文字外，应为规范汉字。作品有歌词的歌曲，外语标题、台词、有特定含义的词汇及标识等，应加中文字幕；

（二）网络视听节目名称、台词、字幕等语言文字应遵守国家通用语言文字有关法律法规，尊重、礼敬中华优秀传统文化，严格按照规范写法和标准使用国家通用语言文字的字、词、短语、成语等，不得滥用谐音、生造滥造词义、肆意曲解内涵，不得使用不规范的网络语言和错词别字。遣词造句要坚持正确导向，符合语法规范，自觉摒弃低俗、庸俗、媚俗的低级趣味，严禁使用挑逗、污秽、恶毒、侮辱、谩骂等极端言辞。

互联网视听节目服务单位要加强网络视听节目名称、台词、字幕、配音等使用语言文字的管理，加强对演职人员、主持人、嘉宾及其他节目参与人员规范使用通用语言文字的提示指导，防止不规范使用国家通用语言文字的节目上线播出。

第十三条 网络视听节目涉及重大革命和重大历史题材,以及政治、军事、外交、国家安全、统战、民族、宗教、司法、公安等特殊题材应遵照广播影视有关管理规定执行。

第五章 罚 则

第十四条 互联网视听节目服务相关单位因违反本通则的规定,协会将视情节严重程度,对该机构以及直接责任人员进行通报批评、向全行业及社会公开;情节恶劣的,取消会员资格;涉嫌违法违规的,报告主管部门依法依规予以查处。

第六章 附 则

第十五条 本通则自协会发布之日起施行,协会成员接受本通则的约束。2012年7月13日中国网络视听节目服务协会理事会通过的《网络剧、微电影等网络视听节目内容审核通则》同时废止。

网络短视频内容审核标准细则(2021)

一、网络短视频内容审核基本标准

1.《互联网视听节目服务管理规定》第十六条所列10条标准。

2.《网络视听节目内容审核通则》第四章第七、八、九、十、十一、十二条所列94条标准。

二、网络短视频内容审核具体细则

依据网络短视频内容审核基本标准,短视频节目及其标题、名称、评论、弹幕、表情包等,其语言、表演、字幕、画面、音乐、音效中不得出现以下具体内容:

（一）危害中国特色社会主义制度的内容

比如:

1. 攻击、否定、损害、违背中国特色社会主义的指导思想和行动指南的;

2. 调侃、讽刺、反对、蔑视马克思主义中国化的最新理论成果和指导地位的;

3. 攻击、否定中国特色社会主义最本质的特征的,攻击、否定、弱化党中央的核心、全党的核心地位的;

4. 脱离世情国情党情,以一个阶段党和国家的发展历史否定另一个阶段党和国家的发展历史,搞历史虚无主义的;

5. 有违中共中央关于党的百年奋斗重大成就和历史经验的决议的,对新中国成立以来党和国家所出台的重大方针政策,所推出的重大举措,所推进的重大工作进行调侃、否定、攻击的;

6. 对宪法等国家重大法律法规的制定、修订进行曲解、否定、攻击、谩骂,或对其中具体条款进行调侃、讽刺、反对、歪曲的；

7. 以娱乐化方式篡改、解读支撑中国特色社会主义制度的根本制度、基本制度、重要制度，对其中的特定名词称谓进行不当使用的。

（二）分裂国家的内容

比如：

8. 反对、攻击、曲解"一个中国""一国两制"的；

9. 体现台独、港独、藏独、疆独等的言行、活动、标识的，包括影像资料、作品、语音、言论、图片、文字、反动旗帜、标语口号等各种形式（转播中央新闻单位新闻报道除外）；

10. 持有台独、港独、藏独、疆独等分裂国家立场的艺人及组织团体制作或参与制作的节目、娱乐报道、作品宣传的；

11. 对涉及领土和历史事件的描写不符合国家定论的。

（三）损害国家形象的内容

比如：

12. 贬损、玷污、恶搞中国国家和民族的形象、精神和气质的；

13. 以焚烧、毁损、涂划、玷污、践踏、恶搞等方式侮辱国旗、国徽的，在不适宜的娱乐商业活动等场合使用国旗、国徽的；

14. 篡改、恶搞国歌的，在不适宜的商业和娱乐活动中使用国歌，或在不恰当的情境唱奏国歌，有损国歌尊严的；

15. 截取党和国家领导人讲话片段可能使原意扭曲或使人产生歧义，或通过截取视频片段、专门制作拼凑动图等方式，歪曲放大展示党和国家领导人语气语意语态的；

16. 未经国家授权或批准，特型演员和普通群众通过装扮、模仿党和国家领导人形象，参加包括主持、表演、演讲、摆拍等活动，谋取利益或哗众取宠产生不良影响的（依法批准的影视作品或文艺表演等除外）；

17. 节目中人物穿着印有党和国家领导人头像的服装鞋帽，通过抖动、折叠印有头像的服装鞋帽形成怪异表情的。

(四)损害革命领袖、英雄烈士形象的内容

比如:

18. 抹黑、歪曲、丑化、亵渎、否定革命领袖、英雄烈士事迹和精神的;

19. 不当使用及恶搞革命领袖、英雄烈士姓名、肖像的。

(五)泄露国家秘密的内容

比如:

20. 泄露国家各级党政机关未公开的文件、讲话的;

21. 泄露国家各级党政机关未公开的专项工作内容、程序与工作部署的;

22. 泄露国防、科技、军工等国家秘密的;

23. 私自发布有关党和国家领导人的个人工作与生活信息、党和国家领导人家庭成员信息的。

(六)破坏社会稳定的内容

比如:

24. 炒作社会热点,激化社会矛盾,影响公共秩序与公共安全的;

25. 传播非省级以上新闻单位发布的灾难事故信息的;

26. 非新闻单位制作的关于灾难事故、公共事件的影响、后果的节目的。

(七)损害民族与地域团结的内容

比如:

27. 通过语言、称呼、装扮、图片、音乐等方式嘲笑、调侃、伤害民族和地域感情、破坏安定团结的;

28. 将正常的安全保卫措施渲染成民族偏见与对立的;

29. 传播可能引发误解的内容的;

30. 对独特的民族习俗和宗教信仰猎奇渲染,甚至丑化侮辱的;

31. 以赞同、歌颂的态度表现历史上民族间征伐的残酷血腥战事的。

(八)违背国家宗教政策的内容

比如:

32. 展示宗教极端主义、极端思想和邪教组织及其主要成员、信徒的活动，以及他们的"教义"与思想的；

33. 不恰当地比较不同宗教、教派的优劣，可能引发宗教、教派之间矛盾和冲突的；

34. 过度展示和宣扬宗教教义、教规、仪式内容的；

35. 将宗教极端主义与合法宗教活动混为一谈，将正常的宗教信仰与宗教活动渲染成极端思想与行动，或将极端思想与行动解释成正常的宗教信仰与宗教活动的；

36. 戏说和调侃宗教内容，以及各类恶意伤害民族宗教感情言论的。

（九）传播恐怖主义的内容

比如：

37. 表现境内外恐怖主义组织的；

38. 详细展示恐怖主义行为的；

39. 传播恐怖主义及其主张的；

40. 传播有目的、有计划、有组织通过自焚、人体炸弹、打砸抢烧等手段发动的暴力恐怖袭击活动视频（中央新闻媒体公开报道的除外），或转发对这些活动进行歪曲事实真相的片面报道和视频片段的。

（十）歪曲贬低民族优秀文化传统的内容

比如：

41. 篡改名著、歪曲原著精神实质的；

42. 颠覆经典名著中重要人物人设的；

43. 违背基本历史定论，任意曲解历史的；

44. 对历史尤其是革命历史进行恶搞或过度娱乐化表现的。

（十一）恶意中伤或损害人民军队、国安、警察、行政、司法等国家公务人员形象和共产党党员形象的内容

比如：

45. 恶意截取执法人员执法工作过程片段，将执法人员正常执法营造成暴力执法效果的；

46. 传播未经证实的穿着军装人员打架斗殴、集会、游行、抗议、上访的，假冒人民军队、国安、警察、行政、司法等国家公务人员的名义在公开场合招摇撞骗、蛊惑人心的；

47. 展现解放军形象时用语过度夸张，存在泛娱乐化问题的。

（十二）美化反面和负面人物形象的内容

比如：

48. 为包括吸毒嫖娼在内的各类违法犯罪人员及黑恶势力人物提供宣传平台，着重展示其积极一面的；

49. 对已定性的负面人物歌功颂德的。

（十三）宣扬封建迷信，违背科学精神的内容

比如：

50. 开设跳大神、破太岁、巫蛊术、扎小人、道场作法频道、版块、个人主页，宣扬巫术作法等封建迷信思想的；

51. 鼓吹通过法术改变人的命运的；

52. 借民间经典传说宣扬封建迷信思想的。

（十四）宣扬不良、消极颓废的人生观、世界观和价值观的内容

比如：

53. 宣扬流量至上、奢靡享乐、炫富拜金等不良价值观，展示违背伦理道德的糜烂生活的；

54. 展现"饭圈"乱象和不良粉丝文化，鼓吹炒作流量至上、畸形审美、狂热追星、粉丝非理性发声和应援、明星绯闻丑闻的；

55. 宣传和宣扬丧文化、自杀游戏的；

56. 展现同情、支持婚外情、一夜情的。

（十五）渲染暴力血腥、展示丑恶行为和惊悚情景的内容

比如：

57. 表现黑恶势力群殴械斗、凶杀、暴力催债、招募打手、雇凶杀人等猖

狂行为的;

58. 细致展示凶暴、残酷、恐怖、极端的犯罪过程及肉体、精神虐待的;

59. 细致展示吸毒后极度亢奋的生理状态、扭曲的表情,展示容易引发模仿的各类吸毒工具与吸毒方式的;

60. 细致展示恶俗行为、审丑文化的;

61. 细致展示老虎机、推币机、打鱼机、上分器、作弊器等赌博器具,以及千术、反千术等赌博技巧与行为的;

62. 展现过度的生理痛苦、精神歇斯底里,对普通观看者可能造成强烈感官和精神刺激,从而引发身心惊恐、焦虑、厌恶、恶心等不适感的画面、台词、音乐及音效的;

63. 宣扬以暴制暴,宣扬极端的复仇心理和行为的。

（十六）展示淫秽色情,渲染庸俗低级趣味,宣扬不健康和非主流的婚恋观的内容

比如:

64. 具体展示卖淫、嫖娼、淫乱、强奸等情节的,直接展示性行为、呻吟、叫床等声音、特效的;

65. 视频中出现以淫秽色情信息为诱饵进行导流的;

66. 以猎奇宣扬的方式对"红灯区"、有性交易内容的夜店、洗浴按摩场所进行拍摄和展现的;

67. 表现和展示非正常的性关系、性行为的;

68. 展示和宣扬不健康、非主流的婚恋观和婚恋状态的;

69. 以单纯感官刺激为目的,集中细致展现接吻、爱抚、淋浴及类似的与性行为有关的间接表现或暗示的,有明显的性挑逗、性骚扰、性侮辱或类似效果的画面、台词、音乐及音效的,展示男女性器官,或仅用肢体掩盖或用很小的遮盖物掩盖人体隐秘部位及衣着过分暴露的;

70. 使用粗俗语言,展示恶俗行为的;

71. 以隐晦、低俗的语言表达使人产生性行为和性器官联想的内容的;

72. 以成人电影、情色电影、三级片被审核删减内容的影视剧的"完整版""未删减版""未删节版""被删片段""汇集版"作为视频节目标题、分类或宣传推广的;

73. 以偷拍、走光、露点及各种挑逗性、易引发性联想的文字或图片作为视频节目标题、分类或宣传推广的。

（十七）侮辱、诽谤、贬损、恶搞他人的内容

比如：

74. 侮辱、诽谤、贬损、恶搞历史人物及其他真实人物的形象、名誉的；

75. 贬损、恶搞他国国家领导人，可能引发国际纠纷或造成不良国际影响的；

76. 侮辱、贬损他人的职业身份、社会地位、身体特征、健康状况的。

（十八）有悖于社会公德，格调低俗庸俗，娱乐化倾向严重的内容

比如：

77. 以恶搞方式描绘重大自然灾害、意外事故、恐怖事件、战争等灾难场面的；

78. 以肯定、赞许的基调或引入模仿的方式表现打架斗殴、羞辱他人、污言秽语的；

79. 内容浅薄，违背公序良俗，扰乱公共场所秩序的；

80. 以虚构慈善捐赠事实、编造和渲染他人悲惨身世等方式，传播虚假慈善、伪正能量的。

（十九）不利于未成年人健康成长的内容

比如：

81. 表现未成年人早恋的，以及抽烟酗酒、打架斗殴、滥用毒品等不良行为的；

82. 人物造型过分夸张怪异，对未成年人有不良影响的；

83. 利用未成年人制作不良节目的；

84. 侵害未成年人合法权益或者损害未成年人身心健康的。

（二十）宣扬、美化历史上侵略战争和殖民史的内容

比如：

85. 宣扬法西斯主义、极端民族主义、种族主义的；

86. 是非不分，立场错位，无视或忽略侵略战争中非正义一方的侵略行为，反而突出表现正义一方的某些错误的；

87. 使用带有殖民主义色彩的词汇、称谓、画面的。

（二十一）其他违反国家有关规定、社会道德规范的内容

比如：

88. 将政治内容、经典文化、严肃历史文化进行过度娱乐化展示解读，消解主流价值，对主流价值观"低级红、高级黑"的；

89. 从事反华、反党、分裂、邪教、恐怖活动的特定组织或个人制作或参与制作的节目，及其开设的频道、版块、主页、账号的；

90. 违规开展涉及政治、经济、军事、外交，重大社会、文化、科技、卫生、教育、体育以及其他重要敏感活动、事件的新闻采编与传播的；

91. 违法犯罪、丑闻劣迹者制作或参与制作的节目，或为违法犯罪、丑闻劣迹者正名的；

92. 违规播放国家尚未批准播映的电影、电视剧、网络影视剧的片段，尚未批准引进的各类境外视听节目及片段，或已被国家明令禁止的视听节目及片段的；

93. 未经授权自行剪切、改编电影、电视剧、网络影视剧等各类视听节目及片段的；

94. 侵犯个人隐私，恶意曝光他人身体与疾病、私人住宅、婚姻关系、私人空间、私人活动的；

95. 对国家有关规定已明确的标识、呼号、称谓、用语进行滥用、错用的；

96. 破坏生态环境，虐待动物，捕杀、食用国家保护类动物的；

97. 展示个人持有具有杀伤力的危险管制物品的；

98. 引诱教唆公众参与虚拟货币"挖矿"、交易、炒作的；

99. 在节目中植入非法、违规产品和服务信息，弄虚作假误导群众的；

100. 其他有违法律、法规和社会公序良俗的。

网络综艺节目内容审核标准细则

为提升网络综艺节目内容质量，遏制错误虚假有害内容传播蔓延，建设良好网络生态，营造清朗网络空间，根据国家相关法律法规、《网络信息内容生态治理规定》、《互联网视听节目服务管理规定》和《网络视听节目内容审核通则》，制定本细则。

一、网络综艺节目内容审核基本标准

1.《网络信息内容生态治理规定》第六、七条所列20条标准。

2.《互联网视听节目服务管理规定》第十六条所列10条标准。

3.《网络视听节目内容审核通则》第四章第七、八、九、十、十一、十二条所列94条标准。

二、网络综艺节目内容审核具体细则

依据网络综艺节目内容审核基本标准，网络播放的网络综艺节目，及其标题、名称、评论、弹幕、表情包等，其语言、表演、字幕、背景中不得出现以下具体内容（常见问题）：

第一部分　通用细则

（一）主创及出镜人员选用问题

主创人员包括制片人、导演、策划等；出镜人员包括主持人、导师、评委、特邀嘉宾、选手、节目参与人员等。

比如：

1. 选用有调侃、诋毁、污蔑、攻击中国特色社会主义制度或国家主权、安全和发展利益等言行的人员的，如（略）；

2. 选用扰乱社会秩序的人员的；

3. 选用有因丑闻劣迹、违法犯罪等行为造成不良社会影响的艺人的；

4. 选用外国国籍或港澳台籍人士不当的。

（二）出镜人员言行举止问题

比如：

5. 出镜人员在大是大非问题上发表有违中国国情和历史、违背社会主义核心价值观和社会主义道德法律，以及有违社会公序良俗的观点和言论的，如（略）；

6. 出镜人员出现语言或行为低俗、恶搞等不文明情况的，如（略）；

7. 出镜人员相互之间过度调侃和挖苦、吹捧、调情，或使用性暗示和性挑逗动作、语言的；

8. 主持人、嘉宾发表拜金主义、享乐主义言论的，如（略）；

9. 主持人、嘉宾以歧视、贬损语言描述、介绍、评价特定社会人群的，如（略）；

10. 主持人、嘉宾刻意强调嘉宾、选手、节目参与人员与节目内容无关的身份标签的，如（略）；

11. 选手为博眼球编造故事煽情做秀或夸大实情渲染悲切情绪，为博出位相互攀比、恶意竞争的，如（略）；

12. 出现明显或可能引发重大社会争议的观点、言论时，主持人未加以及时和有效引导的；

13. 在节目后期包装中加入屏幕贴图、音响音效等元素，强调、突出以上问题效果的。

（三）造型（服装、化妆）、道具、舞美等布设问题

比如：

14. 在非内容必需的情况下，布设过于夸张怪异的；

15. 布设存在安全隐患的；

16. 布景、服装、道具上出现反动、违法、违规元素的，如（略）；

17. 布景、服装、道具上或者制作完成的节目视频窗口里，出现低俗、性暗示元素的，如（略）；

18. 通过舞台背景音效营造出性暗示效果的；

19. 使用成人用品或毒品等违禁品作为道具的；

20. 出镜人员穿着并非节目场景或内容必需的、刻意展示性感和性吸引力的服装的，如（略）。

（四）文字语言使用问题

比如：

21. 对节目标题、字幕（包括花字形式的字幕）等进行不当改编的，如（略）；

22. 非节目内容必需，大量使用网络语言的；

23. 使用网络戏谑语言称呼国内外政要和公众人物的；

24. 除书法题写的片名及相关文字外，节目中文字幕使用不规范汉字的；

25. 对外文歌曲歌词、外文标题和台词、有特定含义的词汇及标识等，应加而未加中文字幕的；

26. 使用脏字、脏词或挑逗、侮辱、谩骂言辞的，如（略）。

（五）节目制作包装问题

比如：

27. 以流量艺人、制作经费炒作话题，进行过度营销和夸大宣传的；

28. 节目后期制作合成过程中，使用含有阻挠祖国统一和破坏、攻击社会主义制度的人员或标识的视频、图片、文字作为素材的；

29. 对节目内容进行背离原意的剪辑、拼接的，如（略）；

30. 使用消音或哔音掩盖节目中低俗语言，制造强调和突出效果的。

第二部分 分类细则

（一）访谈及脱口秀类节目问题

比如：

31. 讨论、评论、总结的内容存在违法违规或过激言语的，如（略）；

32. 虽讲述一般人物或事件，但谈话内容涉及党史、国史、军史、民族、外交等敏感问题，且导向存在错误，与我国主流价值观相悖的；

33. 通过模仿讲话、着装、举止、行为等方式恶搞、调侃党和国家领导人的；

34. 恶搞、调侃、攻击宗教信仰的；

35. 恶搞民族风俗习惯、节日习俗和传统礼仪的；

36. 展示残暴行为的，如引用虐待动物的场景等；

37. 展示恶性案件中令人不适画面的，如引用凶杀案件或自杀自残的血腥画面等；

38. 宣扬丑恶行为的，如（略）；

39. 宣扬迷信活动的，如（略）；

40. 片面、极端地分析、讨论、评论社会问题的；

41. 片面解读、曲解社会议题的；

42. 以讨论明星个人婚恋、生育、纠纷、绯闻等生活隐私，或展示奢侈生活、豪华婚礼、子女天价教育等为话题和主要内容的；

43. 以性经验、性体会、性器官、性辅助工具和性药物功能为主题或主要内容的；

44. 讨论不宜在媒体公开和深入讨论的涉性话题的，如（略）；

45. 渲染和炒作因违法违规被列入相关管理部门黑名单的公众人物或热点人物的。

（二）选秀及偶像养成类节目问题

比如：

46．通过改编、表演等方式对红色经典文艺作品进行娱乐化使用或恶搞的，如（略）；

47．表演的节目中含有通过剪拼改编台词、歌词、剧情桥段等方式恶搞经典、篡改历史、恶搞英模、调侃崇高精神等问题的；

48．推荐、宣传偏离主流价值观和大众审美取向的选手或节目参与人员的，如（略）；

49．汇集、宣扬或炒作嘉宾、选手、节目参与人员低俗、庸俗、消极、颓废的观点与态度的，如（略）；

50．节目中设置"花钱买投票"环节，刻意引导、鼓励网民采取购物、充会员等物质化手段为选手投票、助力的；

51．推荐、宣传选手或节目参与人员时，忽略其内在专业素养而渲染其外在条件的，如（略）；

52．存在物化、消费女性等问题的，如（略）；

53．主持人、嘉宾介绍或评价选手、节目参与人员时，使用带有侮辱、歧视的语言，或者连带侮辱、歧视某一特定群体语言的，如（略）；

54．将相关管理部门明确禁止的违规歌曲用于演唱和背景音乐的；

55．有未成年人参与选秀类节目的。

（三）情感交友类节目问题

56．嘉宾或节目参与人员的言行逾越传统道德观念和伦理底线的；

57．宣扬消极颓废的婚恋观和家庭观的，如（略）；

58．宣扬拜金主义、奢靡之风、享乐主义的，如（略）；

59．宣扬性自由、性开放的；

60．宣扬封建迷信等封建文化糟粕的；

61．节目参与人员通过着装、造型、动作、声音、眼神等对其他人员进行性挑逗、性暗示的；

62．以婚恋交友、感情考验为幌子，对节目参与人员进行各种人性测试，揭露人性弱点的，如（略）。

（四）少儿亲子类节目问题

63. 在节目场景、话题设置、对话情景、年龄限定等方面，违反《中华人民共和国未成年人保护法》《未成年人节目管理规定》等相关未成年人保护法律法规、管理规定的；

64. 在节目内容设置、宣传推广、现场提问等环节，存在窥探或侵犯少儿隐私问题的，如（略）；

65. 少儿着装暴露或模仿某些成年人装扮，不利于其身心健康成长的，如（略）；

66. 集中展现或宣扬炫富、享乐主义等不利于未成年人身心健康成长的价值观的，如（略）；

67. 以少儿为主要角色的成人化、商业化选秀活动的；

68. 将少儿交友进行成人化演绎与炒作的，如（略）；

69. 未成年人节目宣扬童星效应或者包装、炒作明星子女的；

70. 在少儿不宜的酒吧、KTV、娱乐会所等场所摄制节目的；

71. 对于成年人未落实对未成年人的监护义务问题，只展现而不加引导的，如（略）；

72. 故意制造人性矛盾冲突、危险情景看点、低俗话题噱头的，如（略）；

73. 对不适宜少儿参与的极限运动（徒手攀岩、蹦极、低空跳伞等），或少儿参与的具有潜在危险性的活动（街舞、轮滑、滑板、独轮车、潜水、平衡车等），未做醒目安全提示的；

74. 节目中"专家观点""教育贴士"等板块内容存在价值误导的；

75. 不具有专业教育背景或相关专业经历的嘉宾探讨性知识、性教育内容的；

76. 片面解读、曲解、攻击国家计划生育政策的；

77. 未成年人参与的歌唱类选拔节目、真人秀节目、访谈脱口秀节目不符合国务院广播电视主管部门要求的。

（五）生活体验类（旅行、美食等）节目问题

78．调侃、嘲讽、恶搞少数民族风俗习惯的；

79．明星扎堆、奢华旅行、脱离当地人民群众现实生活的；

80．将参与者无科学常识、无生活技能、无环保意识作为卖点、冲突点并进行娱乐化表现的；

81．在无现场专业人员指导和陪同的情况下，挑战具有潜在危险性活动的，如（略）。

（六）专业竞技类（益智、体育、科技、艺术等领域）节目问题

82．对于专业程度较高的竞技活动，在竞技环节设置中没有安全指导和安全提示的，如（略）；

83．对于专业程度较高的竞技活动，忽视或淡化表现其专业性，而过度表现和渲染娱乐性、互动性的。

（七）游戏比赛类节目问题

84．对于存在安全隐患的游戏，在比赛环节设置中没有安全指导和安全提示的；

85．在内容设置上无底线娱乐和无节操恶搞的，如（略）；

86．人为激化矛盾冲突，故意制造低俗噱头的。

（八）有角色扮演的故事推理、演绎类节目问题

87．故事推理不讲科学与逻辑、胡乱拼凑的；

88．歪曲、丑化、亵渎、否定英雄烈士事迹和精神，恶搞烈士姓名、肖像，恶搞历史人物和经典形象的；

89．对破案过程等进行过度娱乐化表演与表现，如（略）；

90．脱离故事设定的年代，表演、演绎中大量使用与设定的年代差异较大的当代价值观、言行方式、搞笑梗等；

91．过度渲染恐怖、血腥、暴力的氛围的；

92．低俗化的特效包装的，如（略）。

（九）游戏改编类节目问题

93．将游戏中的虚拟角色、形象、场景、规则等直接搬到真人参与的现实综艺节目中，存在违反法律法规，违背社会伦理道德问题的内容的，如（略）；

94．节目中的道具含有宣扬暴力、淫秽、色情、迷信、赌博、吸毒、邪教、血腥、教唆犯罪等元素，或者以血腥、淫秽、迷信、邪教、违禁药品等命名的。

后　记

　　伴随科技的发展和社会的进步，媒体所承担的社会责任越来越大。全媒体所传递的文字、音频、视频、图像等不仅内容丰富，还具有很强的交互性，其社会影响力不断扩大。为了促进社会主义新闻事业的发展，为了维护人民群众的根本利益，国家广电总局及网络视听协会均高度重视网络内容的审核工作。基于此，全媒体所传播内容是否合法、合规，能否为受众树立积极向上的价值引领，将对全媒体行业未来的健康发展有着举足轻重的影响。

　　在编写过程中，我深感媒体行业的责任对国家、社会和人民的重要性，也更为深刻地认识到"网络信息审核员"这一工作的意义。在本书即将完稿之际，国家广电总局发布了最新要求，自2022年6月1日起，将对网络剧片正式发放行政许可，即网络剧片发行许可证。这一消息意味着网络视听节目可以正式"持证上岗"，而规范的审核也将有利于推动网络视听行业的发展，其重要性得到了国家的认可。"网标"一经发布，相关影视传媒概念股开盘大涨，而进入"网标"规范化管理时代的新篇章后，在更加规范的标准下，被市场寄予着更多期待的网络视听节目在持证上岗后，必将承担起更多的责任。

　　这一切使得网络内容审核的重要性进一步凸显，也让我们由衷地感受到自己肩负的重任。希望本书能够让更多人认识到全媒体时代信息审核的重要性，也希望能够为审核人员的培养提供基本依据和参考。

　　全媒体信息审核是一个对专业知识和实操能力要求较高的领域，在撰写过程中有幸得到湖北省网络视听协会的支持和指导，还有长江日报社、斗鱼、抖音等媒体单位工作人员的鼎力帮助。在本书的框架安排、文件检索、案例及规则检索等方面，他们给予了大量的帮助。在本书的写作过程中，众多高校媒体

后记

专业老师们提供了资源和帮助，在此一并表示感谢；同时感谢华中科技大学出版社对本书的出版给予的帮助。希望通过共同努力，能够为全媒体新时代审核人员的培养尽绵薄之力。

席 静

2023 年 8 月